FRENCH
FRANÇAIS

Miae YANG, Jérémie EYSSETTE

Shinasa

Préface (Preface)

Le français :

Aujourd'hui, le monde est devenu un et tout le monde coexiste dans le village global. En cette ère de mondialisation, la langue est un moyen de communication important et le français est une langue internationale importante avec l'anglais. Le français est une langue parlée sur cinq continents, ainsi que dans les organisations internationales francophones. Le français est également utilisé comme langue officielle dans la culture, la diplomatie, l'art, les affaires et de nombreux autres domaines pratiques. Ce livre est un manuel pour les classes où vous pouvez apprendre des contenus nécessaires à l'apprentissage du français en vous concentrant sur l'expression orale. Et ce livre est conçu pour apprendre des expressions en français, qui contiennent beaucoup de termes similaires à l'anglais. Il sera donc bénéfique d'apprendre facilement le français, indispensable à l'expression orale dans la vie de tous les jours, mais aussi l'anglais, tout en minimisant la grammaire. On espère que ce livre aidera les étudiants à mieux aborder un environnement polyglotte et leurs rêves d'avenir en tant que citoyens du monde tout en apprenant le français, une nouvelle langue étrangère.

English :

We are now living in a global village where the world has become one. In the era of globalization, French is an important international language along with English. French is a language spoken in five continents, as well as in French-speaking international organizations. French is also used as an official language in culture, diplomacy, art, business and many other practical fields. This book is a textbook for classes where you can learn the contents necessary when studying French by focusing on speaking. And this book is designed to learn expressions in French, which have a lot of similar terms to English. Therefore, it will be beneficial to easily learn French and English, which are essential for speaking in everyday life, while minimizing grammar. We hope that this book will help students approach a multilingual environment and their future dreams as global citizens while learning French, a new foreign language.

Carte du monde

OPE
ASIA
A
AUSTRALIA
ANTARCTICA

Carte de l'Europe

Plan de Paris

Table des matières (Table of contents)

Alphabet et Prononciation

(Alphabet and pronunciation)

1 L'alphabet

A a	[ɑ]	[a],[ɑ]
B b	[be]	[b],[p]
C c	[se]	[k],[s]
D d	[de]	[d]
E e	[ə]	[ə],[e],[ɛ]
F f	[ɛf]	[f]
G g	[ʒe]	[g],[ʒ]
H h	[aʃ]	[−]
I i	[i]	[i],[j]
J j	[ʒi]	[ʒ]
K k	[kɑ]	[k]
L l	[ɛl]	[l]
M m	[ɛm]	[m]
N n	[ɛn]	[n]
O o	[o]	[o],[ɔ]
P p	[pe]	[p]
Q q	[ky]	[k]
R r	[ɛ :R]	[R]
S s	[ɛs]	[s],[z]
T t	[te]	[t],[s]
U u	[y]	[y],[ɥ]
V v	[ve]	[v]
W w	[dubləve]	[w],[v]
X x	[iks]	[ks],[gz],[s],[z]
Y y	[igrɛk]	[i]
Z z	[zɛd]	[z]

■ Signes

´	accent aigu	é
`	accent grave	à, è, ù
^	accent circonflexe	â, ê, î, ô, û
¨	tréma	ë, ï, ü
¸	cédille	ç
—	trait d'union	

(1) accents : a, e, i, o, u

- accent aigu(´) : é[e]

café, bébé

- accent grave(`) : à, è [ɛ], ù

à, mère, où

- accent circonflexe(^) : â, ê, î, ô, û

âme, fête, connaître, hôpital, flûte

(2) tréma

Noël, Saül

(3) cédille (ç) : c + a, o, u => ç [s]

garçon, leçon

(4) trait d'union(-) :

grands-parents, arc-en-ciel

Est-ce ~ , Viens-tu ?

■ Signes de ponctuation

.	point
,	virgule
;	point-virgule
:	deux points
?	point d'interrogation
!	point d'exclamation
…	point de suspension
-	tiret
( )	parenthèses
[ ]	crochets
《 》	guillemets
'	apostrophe

- virgule(,)

Avant un nom avec la même équivalence ou lors de la séparation des propositions, etc. (Before a noun with the same equivalence or when separating clauses, etc.)

- deux points(:)

Citation ou explication (citation or explanation)

- point-virgule(;)

Lors de l'utilisation de phrase pour se connecter, etc. (When using clauses to connect)

- point suspension(...)

Indique qu'une phrase n'est pas complètement terminée (Indicates that a sentence is not completely finished)

- tiret(-)

Quand une personne - l'interlocuteur change au cours d'une conversation (When a interlocutor changes during a conversation)

- guillemets(《 》)

Similaire aux guillemets doubles -" " en coréen (Similar to double quotation marks - " " in Korean)

- apostrophe(')

Utilisé avant les mots commençant par une voyelle ou un h silencieux (Used before words starting with a vowel or silent h)

Je + ai = J'ai, Ce + est = C'est,
le + habit = l'habit

2 La prononciation

■ Voyelle

a

- [a] : a, à, ail(aille)

  ami, ananas, ballon, banane, cabane, canard, chapeau, chat,
  là, lapin, maille, médaille, quatre, rat, sac, samedi, table, tapis, travail
  cf.) femme, évidemment

- [ɑ] : a, â

  âge, âne, âme, bât, château, classe, gaz, hâte, mât, pâte, repas

e

- [e] : e, é, ef, es (ez)

  année, assez, bébé, café, chez, Corée, clé, début, école, écriture, élève, et,
  été, mangez, mes, nez, papier, tes, vélo

- [ɛ] : e, è, ê, ei(ey), ai(ay)

  aime, avec, après, balai, baleine, bec, bête, bonnet, chaise, conjugaison,
  élève, être, fenêtre, frère, lait, lettre, merci, mère, mets, fête, neige, maison,
  oreille, pêche, peigne, peine, poulet, reine, secret, seize, sel, semaine, terre,
  tête, vert, vraiment

- [ə] : e

  chemise, cheval, cerise, de, demi(e), je, le, petit, que, renard, ressembler,
  retenir, semaine, te
  cf.) monsieur, madame

ai, ei

- [ɛ, e] : mais, aile, neige, peine

  cf.) nous faisons ⇒ ai = [ə]

  (je fais, tu fais, il fait, vous faites ⇒ ai = [ɛ])

eu, oeu

- [ø] : à la fin d'un mot ou avant une consonne non prononcée
  (at the end of a word or before an unpronounced consonant)

  bleu, deux, feu, jeu, monsieur, nœud, œufs, peu, queue, vieux, yeux

- [oe] : avant que la consonne soit prononcée
  (before the consonant being pronounced)

  bonheur, cœur, chanteur, couleur, deuil, fleur, feuille, heure, jeune, leur, neuf, œil, œuf, peur, pleure, seul, sœur

  cf.) [ø] : jeudi, Europe, heureuse

i, y, ï, î

- [i] : Caraïbes, cerise, cri, cygne, dîner, dix, fît, gîte, héroïque, huître, ici, île, laïque, lire, lit, mari, naïf, paradis, pyjama, pyramide, signe, six, souris, stoïque, stylo, tapis, type, usine

  cf.) [j] : il, ille => bouteille, fille, gorille, quille, travail, vanille, vieille

o, ô, au, eau

- [ɔ] : automne, bonne, botte, cloche, colle, docteur, école, nord, note, or, parole, Paul, pomme, porte, roche, sol, tordre
- [o] : bateau, beau, côte, diplôme, dos, eau, gauche, fauteuil, haut, héros, hôtel, marteau, numéro, piano, radio, rose

u, û, ü

- [y] : absurde, abus, allumer, amuser, brûle, cuir, flûte, flux, futur, libellule, lumière, mur, mûre, pur, recul, rue, sur, tu, université

ou, où, oû

- [u] : ampoule, blouson, bouche, boule, cou, couleur, coupe, doux, fourmi, jouer, loup, mou, où, poule, soupe, souris, toujours, vous

oi

- [wa] : boire, doigt, droit, étoile, froid, joie, miroir, moi, noir, noix, oiseau, poisson, pourquoi, soir, toit, voisin, voiture, voix

Voyelle-nasale

- [ɛ̃] : im, in, yn(ym), aim(ain), eim(ein), ien(yen), oin
  ainsi, atteint, bain, bien, chien, cinq, citoyen, coin, cousin, daim, doyen, faim, foin, grain, impossible, impôt, improviser, interdit, intérim, intime, loin, lynx, moyen, symphonie, syntaxe, main, pain, plein, simple, soin, syntaxe, thym, vaccin, vin

- [œ̃] : um, un
  à jeun, brun, humble, lundi, mesclun, parfum, un

- [ɔ̃] : om, on, eon, ond, ont, ons
  annonce, blond, bon, bonbons, bond, bonsoir, buisson, camion, canon, carton, chatons, compère, compte, dompter, dont, flocons, front, jambon, onde, monde, mont, nom, pigeon, pions, pont, rebond, second, sont, tonton, rond, volonté

- [ã] : am, an, em, en, aon, aen(ean)

  allemand, ambulance, ampoule, blanc, Caen, chambre, client, dérangeant, dirigeant, emmener, emballer, faon, faisant, grand, Jean, mangeant, paon, parents, rageant, sans, semble, taon, temps, vent, voyageant, vengeance

- quand les sons nasaux - m, n sont ensemble
  (when the nasal sounds are together)

  → [ɔm] : homme, gomme, pomme, sommet
  → [ɔn] : bonne, connaître, étonné, tonnerre
  → [am] : femme
  → [ɛn] : ennemi

Semi-voyelle (semivowel)

- [j] : i, y + Voyelle (vowel)

  abeille, bien, cahier, crayon, fille, gentille, papillon, paille, payer, pied, rien, soleil, sommeil, travail, yahourt

- [ɥ] : u + Voyelle (vowel)

  fruit, huit, lui, nuit, pluie, puis, suit

- [w] : ou + Voyelle (vowel)

  boire, loi, moi, noir, oui, quoi, soir, voir

■ Consonne

- En général, la dernière consonne ne se prononce pas (In general, the last consonant is not pronounced).

blond, bras, cours, fond, moins, mont, objet, Paris, pond, tout

cf.) c, f, l, q, r : sont souvent prononcés (These are often pronounced)

avec, sur, soif, neuf, animal, sel, coq

b

[b] : bon, bébé, abbé

cf.) b + s / t / c : [p]

abcès, absent, absolu, absorbe, obscur, obstacle, obstiné, obtenir, subconscient, subtil

c

① [k] : c + a, o, u, Consonne (Consonant)

câble, câlin, Canada, canapé, camion, colombe, conçu, content, combat, cube, culture, cumuler, cuisine,

cf.) second
[g]

② [s] : c + e, i, y

bicyclette, ceinture, cela, cent, cerise, cible, ciel, cil, cité, citron, civil, cybercafé, cycle, cyclone, cygne

cf.) ç [s] + a, o, u : ça, façon, garçon, leçon, reçu

g

① [g] : g + a, o, u, Consonne (Consonant)

aigu, ambigu, augure, figure, galaxie, garé, gâteau, gazelle, golf, gomme, gonfle, gothique, ligure

② [ʒ] : g + e, i

âge, agir, badge, beige, cage, danger, dommage, dosage, gilet, girafe, réagir, rugir, région

cf.) - ge[ʒ] + a, o

bourgeois, bourgeon, exigeant, jugeote, orgeat, plongeon, pigeon, villageois

- gu[g] + e, i

bague, déguise, guerre, guide, guirlande, guitare, langue, linguiste, longue, mangue, vague, vogue

s

[s] : sac, sapin, sardine, si, singe, similaire, six, société, soif, soir, sortir, soupe

cf.) [z] : 《s》 entre les voyelles ('s' between vowels)

chemise, maison, musique, rose, surprise, visage

x

① [ks] : ex + Consonne (Consonant)

expérience, axe, boxe, exclu, expérience, exténué, extrême, fixe

② [gz] : ex + Voyelle (vowel)

exact, examen, exercice, exiger, exiguë, exil, exosquelette

③ [s] : six, dix

④ [z] : Voyelle (vowel) + x + Voyelle (vowel) => deuxième

h ⟹ homme, héros

<<h>> n'est pas prononcé, et est divisé en h muet et h aspiré. Le mot commençant par un h muet est traité comme une voyelle. Il y a une croix (†) avant h dans le dictionnaire. (h is not pronounced, and is divided into silent h and voiced h. Word beginning with a silent h is treated like vowel. There is a cross (†) before h in the dictionary.)

■ La liaison :

Lorsqu'une consonne à la fin d'un mot est prononcée avant un mot commençant par une voyelle ou un h muet (When a consonant at the end of a word is pronounced before a word beginning with a vowel or silent h).

La prononciation change lors de la liaison. (Pronunciation is different when reading in a linking sound.)

- d → [t] : grand homme, quand il
- f → [v] : neuf ans, neuf heures
- s, x → [z] : les amis, nous avons

En cas de liaison (In case of linking sound)

- Article + adjectif + nom (Article + adjective + noun)

  les anciennes églises, les belles oranges, les grands arbres

- Pronom + verbe (pronoun + verb)

  Vous êtes, on a, ils ont, nous irons

- Préposition + nom (preposition + noun)

  dans une heure, chez elle, sous un arbre

- Adverbe + adjectif (adverb + adjective)

  plus important, très agréable, bien accompagné

- Idiome (idiom)

  de temps en temps, pas à pas, de moins en moins

Pas de liaison (No linking sound)

- Devant h aspiré (before h sonore)

  très / haut, les / héros, des / harpons

- Nom sujet + verbe (noun subject + verb)

  Paris / est, Les enfants / aiment, Les oiseaux / atterrissent

- Après la conjonction (after the conjunction)

  un homme et / une femme

- Nom singulier + adjectif singulier (singular noun + singular adjective)

  un étudiant / étranger, des amis / adorables, un loup / affamé

La communication

(Comunication)

00

Mise en route !

Bonjour ! Bonjour tout le monde !

Salut ! Comment ça va ?

① Bonjour

Enchanté !

- Enchantée.

Bonjour !

- Bonjour !

Comment vas-tu ?

- Je vais très bien, merci. Et toi ?

Moi aussi, ça va bien, merci. Au revoir !

- À demain !

② C'est un livre et c'est Jean.

Qu'est-ce que c'est ?

- C'est une table.

Qu'est-ce que c'est ?

- Ce sont des chaises.

Qui est-ce ?

- C'est Jean.

Tu es américain ?

- Non, je suis français.

Comment vous appelez-vous ?

- Je m'appelle Annie. Je suis coréenne.

③ Voici une chambre.

Voici une chambre et une porte.

C'est la porte de la chambre.

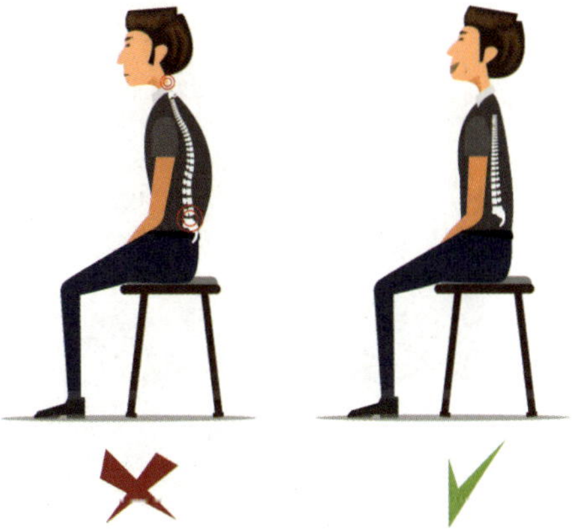

Voici une chaise. C'est une chaise.

- Est-ce une chaise ?

Oui, c'est une chaise.

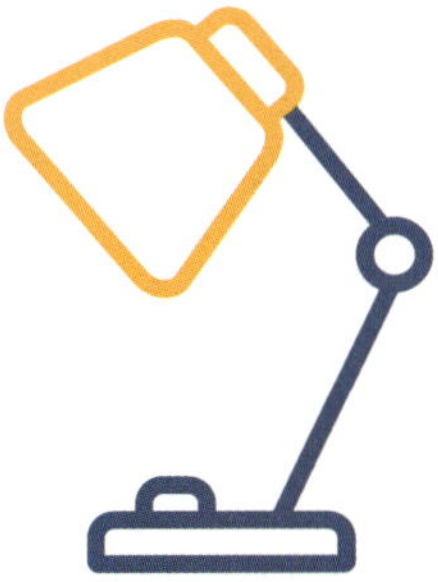

Est-ce que c'est un dictionnaire ?

- Non, ce n'est pas un dictionnaire.

C'est ma lampe.

C'est une photo de ta famille ?

- Oui. Voilà mes parents.

Ton père est grand !

- Et il est beau. Mais ma mère n'est pas grande.
  C'est ça.

- Elle est belle ! Cette jeune fille, c'est toi ?
  Oui, c'est moi. Je suis à côté de mon frère.

4 Exercices

1. Remplissez les blancs avec la question appropriée.
   (Fill in the blanks with the appropriate question.)

- Qu'est-ce que c'est ?
- Qui est-ce ?

a. (   )

- C'est Paul.

b. (   )

- C'est un livre.

c. (   )

- Ce sont des tables.

5 Révisions

1. Traduisez les phrases suivantes en français.
   (Translate the following sentences into French.)

a. 여기에 하나의 방이 있습니다.

⟹

b. 이것은 의자예요?

⟹

아니오, 그것은 의자가 아니예요. 책상이에요.

⟹

01

Ravi de vous rencontrer !

Objectifs :

Se saluer
Prendre congé
Prendre des nouvelles

Ⅰ. Conversation

Faire connaissance

Lucas Deniau : Bonjour, je m'appelle Lucas Deniau.

Claude Boissonnat : Bonjour, moi c'est Claude Boissonnat et voici ma collègue, madame Renaud.

LD : Je suis ravi de faire votre connaissance.

CB : Moi de même. Nous sommes heureux de vous rencontrer ce matin, monsieur Deniau.

LD : Saluez madame Perrat de ma part.

CB : D'accord. Pardon, j'ai beaucoup de travail, mais restons en contact !

LD : Bien entendu. Nous aussi, nous avons un rendez-vous.

CB : Au revoir et bonne journée !

LD : À vous aussi, au revoir !

(Deux étudiants français se croisent au café.)

Clément : Salut Anna, ça va ?

Anna : Oh, Clément ! Bien et toi ?

C : Ça va, ça va. Quoi de neuf ?

A : Rien de spécial. Et toi ?

C : Je prends un café en lisant le journal.

A : Bon après-midi !

C : Toi aussi, ciao !

II. Vocabulaire

2.1. Lexique français-anglais

Bonjour	Hello
Au revoir	Goodbye
D'accord	All right
ravi = heureux	happy = glad
madame ≠ monsieur	madam ≠ sir
rencontrer	to meet
la journée	day
les devoirs	homework
le journal	newspaper
le matin ; l'après-midi ; le soir	morning ; afternoon ; evening

2.2. Expressions utiles

Enchanté(e).	How do you do ?
Je suis ravi(e) de vous rencontrer.	Nice to meet you
J'ai beaucoup entendu parler de vous [de toi].	I heard a lot about you.
Voici monsieur/madame ...	Here is Mr/Mrs.
Salut tout le monde !	Hi everyone !
Coucou !	Hey there !
Comment allez-vous ? / Comment vas-tu ?	How are you ?
Je vais bien.	I am doing well.
Je vais beaucoup mieux.	I am doing much better.
Ça ne va pas (bien).	I am not doing well.
Rien de spécial. = La routine.	Nothing special = As usual
Pas (trop) mal. = Ça peut aller.	Not (too) bad. = I'm doing alright.
Je ne suis pas de bonne humeur.	I am not in a good mood.
Quoi de neuf ?	What's up ?
Ça fait longtemps. = Ça fait un bail.	I haven't seen you in ages = It's been a while.
À demain !	See you tomorrow !
À (très) bientôt !	See you soon !
À tout à l'heure ! = À tout !	See you !
À plus tard = (À plus !)	See you later !

III. Grammaire

Les verbes ÊTRE et AVOIR

Le verbe ÊTRE exprime un état, une action ou une attitude tandis que le verbe AVOIR exprime la possession. Il se conjugue comme suit au présent de l'indicatif :

ÊTRE (to be)	AVOIR (to have)
Je suis	J'ai
Tu es	Tu as
Il/Elle/On est	Il/Elle/On a
Nous sommes	Nous avons
Vous êtes	Vous avez
Ils sont	Ils ont

Exemples :

Je suis heureux.	I am happy.
Ils sont traducteurs.	They are translators.
Elle a une belle maison.	She has a beautiful house.
Vous avez un chien.	You have a dog.

IV. Exercices

4.A. Relevez les verbes ÊTRE et AVOIR dans les conversations ci-dessus.

4.B. Remplissez les blancs en conjuguant les verbes ÊTRE et AVOIR au présent de l'indicatif.

1. Mon grand frère___ 21 ans et moi j' __ 15 ans.

2. Vous ___ fatigués car vous ____ beaucoup de travail.

3. C' __ un chanteur qui ____ très célèbre.

4. Ils __ de la chance : ils ___ en bonne santé.

5. Aujourd'hui, on ___ mardi.

Culture

Comment se saluer ?

Le langage verbal peut s'accompagner du langage corporel, notamment lors des salutations et prises de congé. En général, lorsque l'on rencontre quelqu'un pour la première fois ou dans un contexte professionnel, on lui serre la main. Ce code de conduite est formel et appelle donc le vouvoiement (l'usage du "vous" de politesse). Lorsque l'on est plus proche de quelqu'un, avec des amis ou de la famille, on se fait la bise, parfois même entre hommes. Cette conduite plus décontractée suppose que l'on peut utiliser le tutoiement (l'usage plus familier du "tu"). Si la plupart des Français se font deux bises, on observe qu'il n'est pas rare de se faire trois bises en Occitanie, Provence-Alpes-Côte-d'Azur et en Suisse romande, quatre bises en Pays-de-Loire et Centre-Val-de-Loire, et une seule dans les départements du Finistère et des Deux-Sèvres ainsi qu'en Belgique.

Quel jour sommes-nous ?

Objectifs :

Dire son âge
Dire la date et l'heure
Donner et prendre un numéro de téléphone

Ⅰ. Conversation

Vincent : Quel âge as-tu ?

Lucie : J'ai 21 ans. Et toi, tu es né en quelle année ?

V : Je suis né en 1995.

L : Alors, tu as 27 ans.

V : Oui, j'ai 6 ans de plus que toi.

L : Quel jour sommes-nous aujourd'hui ?

V : Nous sommes lundi.

L : Lundi ! Mais on est le combien ?

V : On est le 7. Lundi 7 avril.

L : Demain, c'est le 8. On a contrôle d'histoire le mardi 8 avril.

V : Quel est ton numéro de téléphone ?

L : C'est le 06 20 22 31 63. Et toi, tu as un portable ?

V : Oui, c'est le 06 45 39 17 88.

L : Quelle heure est-il ?

V : Ah! Il est quelle heure ? Il est une heure de l'après-midi.

L : 13 heures, déjà ! Je dois y aller.

II. Vocabulaire

2.1. Lexique français-anglais

se lever	to wake up
reprendre les cours	to resume classes
les devoirs	homework
midi ≠ minuit	noon ≠ midnight
le matin	morning
l'après-midi	afternoon
le soir	evening
Hier, aujourd'hui, demain	yesterday, today, tomorrow
être né	to be born
lundi	Monday
mardi	Tuesday
mercredi	Wednesday
jeudi	Thursday
vendredi	Friday
samedi	Saturday
dimanche	Sunday
janvier	January
février	February
mars	March
avril	April

mai	May
juin	June
juillet	July
août	August
septembre	September
octobre	October
novembre	November
décembre	December

2.2. Expressions utiles

Quel âge as-tu ?	How old are you ?
Tu es né en quelle année ?	What year were you born ?
Quelle heure est-il ? = Vous avez l'heure ?	What time is it ?
Il est quinze heures. = Il est trois heures de l'après-midi.	It is 3 p.m.
À quelle heure partez-vous ?	At what time do you leave ?
Je pars à dix heures.	I leave at 10.
Quel jour sommes-nous aujourd'hui ?	What day is it today ?
Nous sommes lundi.	Today is Monday
Quelle est la date d'aujourd'hui ? = C'est le combien aujourd'hui ?	What is the date today ?
C'est le 1^{er}(premier) mai.	Today is May 1st.
En quelle saison sommes-nous ? On est en quelle saison ?	What is the season now ?
Nous sommes en hiver.	We are in winter.

III. Grammaire

Le pronom interrogatif quel, quelle, quels, quelle :

Quel est ton numéro de téléphone ? (Masculin Singulier)

Quelle est la date d'aujourd'hui ? (Féminin Singulier)

Quels cours aimez-vous ? (Masculin Pluriel)

À quelles dates êtes-vous disponible ? (Féminin Pluriel)

	<수 Nombre>		
1	un(e)	11	onze
2	deux	12	douze
3	trois	13	treize
4	quatre	14	quatorze
5	cinq	15	quinze
6	six	16	seize
7	sept	17	dix-sept
8	huit	18	dix-huit
9	neuf	19	dix-neuf
10	dix		
20	vingt	39	trente-neuf
21	vingt et un(e)	40	quarante
22	vingt-deux	41	quarante et un(e)
23	vingt-trois	42	quarante-deux
24	vingt-quatre	49	quarante-neuf
25	vingt-cinq	50	cinquante
26	vingt-six	51	cinquante et un(e)
27	vingt-sept	52	cinquante-deux
28	vingt-huit	59	cinquante-neuf
29	vingt-neuf	60	soixante
30	trente	61	soixante et un(e)
31	trente et un(e)	62	soixante-deux
32	trente-deux	69	soixante-neuf
70	soixante-dix	81	quatre-vingt-un(e)
71	soixante et onze	82	quatre-vingt-deux
72	soixante-douze	90	quatre-vingt-dix
80	quatre-vingts	91	quatre-vingt-onze
		99	quatre-vingt-dix-neuf

IV. Exercices

4.A. Relevez les pronoms interrogatifs dans la conversation ci-dessus.

4.B. Remplissez les blancs avec les pronoms interrogatifs suivants : quel, quelle, quels, quelles.

1. ____ est la date de l'examen ?

2. ____ étudiants connais-tu ?

3. ____ est ton numéro de portable ?

4. À ___ activités es-tu inscrit ?

5. De ___ heure à _____ heure étudies-tu ?

Culture

Le quart d'heure d'impolitesse ou de politesse ?

Lorsqu'ils sont invités chez des amis, les Français ont l'habitude d'arriver un peu en retard. C'est ce qu'on appelle "le quart d'heure de politesse". Il ne s'agit pas à proprement parler d'impolitesse. En effet, les invités souhaitent par là laisser du temps supplémentaire à leurs hôtes pour qu'ils puissent finir de mettre la table, cuisiner et se préparer à les recevoir dans les meilleures conditions. Cette habitude s'accompagne d'une autre règle de bienséance : on n'arrive pas "les mains vides" pour "se mettre les pieds sous la table". C'est-à-dire qu'il faut apporter un présent comme marque de reconnaissance. Par exemple, on offre généralement un bouquet de fleurs, un dessert ou encore une bouteille de vin. Ce manque de ponctualité volontaire et convenu constitue paradoxalement une marque de politesse.

Je me présente.

03

Objectifs :

Se présenter
Parler de ses études
Dire d’où l’on vient, où on habite

Ⅰ. Conversation

Thien : Salut! Je m'appelle Thien. Je suis ta nouvelle camarade de classe. Et toi tu t'appelles comment ?

Jiwoo : Salut Thien. Je m'appelle Jiwoo Park.

T : Comment ça s'écrit Park ?

J : Park, P-A-R-K. Je viens de Corée du Sud. Je suis ici pour étudier le journalisme pendant un semestre.

T : Alors, bienvenue dans notre département Jiwoo Park !

J : Merci. Et toi Thien, tu es française ?

T : Oui, je suis d'origine vietnamienne mais je suis née en France. Et toi, tu viens d'où en Corée du Sud ?

J : Je viens de Séoul, c'est la capitale.

T : Ah d'accord ! Et en ce moment, tu habites où ?

J : J'habite à la résidence universitaire. Et toi, tu habites où ?

T : J'habite dans le quartier avec des amis.

II. Vocabulaire

2.1. Lexique français-anglais

l'étudiant	student
accueillir	to welcome
chaleureusement	warmly
venir de	to come from
le semestre	semester
étudier	to study
le/la journaliste	journalist
le correspondant	correspondent
le/la camarade de classe	classmate
le département	department
mon/ma meilleur/e ami/e	my best friend
présenter	to introduce
habiter	to live
la résidence universitaire	dormitory
le quartier	district
le frère	brother
la sœur	sister
l'enfant unique	lonely child

2.2. Expressions utiles

Comment vous appelez-vous ? = Comment t'appelles-tu ?	What is your name ?
Votre nom, s'il vous plaît ? = Quel est votre nom de famille ?	What is your family name ?
Quel est ton prénom ?	What is your first name ?
Comment ça s'écrit ? = Comment ça s'épelle ?	How do you spell it ?
Permettez-moi de me présenter.	Let me introduce myself.
Je vous/te présente Jean, un de mes amis.	Let me introduce you to Jean, one of my friends.
Qui est-ce ?	Who is it ?
D'où êtes [venez]-vous ? = De quelle origine êtes-vous ?	Where are you from ?
Je suis coréen.	I am Korean.
Je viens de Corée.	I come from Korea.
Où habitez-vous ? = Tu habites où ?	Where do you live ?
J'habite à Toulouse.	I live in Toulouse.
J'habite en France, à Toulouse.	I live in France, in Toulouse.

III. Grammaire

Les verbes du premier groupe se terminent en –er à l'infinitif. Au présent de l'indicatif, leurs terminaisons sont toujours : -e ; -es ; -e ; -ons ; -ez ; -ent.

HABITER (to live)	ÉTUDIER (to study)
J'habite	J'étudie
Tu habites	Tu étudies
Il/Elle/On habite	Il/Elle/On étudie
Nous habitons	Nous étudions
Vous habitez	Vous étudiez
Ils/Elles habitent	Ils/Elles étudient

Exemples

J'habite en Corée, à Busan.	I live in Korea, in Busan.
Nous habitons en Europe, en Belgique.	We live in Europe, in Belgium
Elle étudie à l'université.	She studies at university.
Ils étudient tous les soirs.	They study every evening.

IV. Exercices

4.A. Relevez les verbes du premier groupe dans la conversation ci-dessus.

4.B. Remplissez les blancs en conjuguant au présent de l'indicatif les verbes étudier ; travailler ; habiter ; manger ; cuisiner.

1. Après les cours, nous ________ à la bibliothèque.

2. A midi, je ______ à la cantine.

3. Tu n' ______ plus, tu ______ dans une entreprise.

4. Vous ______ à la campagne et elles ______ en ville.

5. Nous _______ un plat de notre pays, le couscous.

Quelques nationalités francophones...

<La francophonie>

Algérie (l') (f.)
→ algérien(ne)

Andorre (l') (f.)
→ andorran(e)

Belgique (la)
→ belge

Bénin (le)
→ béninois(e)

Burkina Faso (le)
→ burkinabé(e)

Burundi (le)
→ burundais(e)

Cameroun (le)
→ camerounais(e)

Canada (le)
→ canadien(ne)

Centrafrique (la)
→ centrafricain(e)

Comores (les)
→ comorien(ne)

Congo (le)
→ congolais(e)

Côte d'Ivoire (la)
→ ivoirien(ne)

Djibouti (m.)
→ djiboutien(ne)

France (la)
→ français(e)

Gabon (le)
→ gabonais(e)

Ghana (le)
→ ghanéen(ne)

Guinée (la)
→ guinéen(ne)

Guinée équatoriale (la)
→ équatoguinéen(ne)

Haïti (m.)
→ haïtien(ne)

Liban (le)
→ libanais(e)

Luxembourg (le)
→ luxembourgeois(e)

Madagascar (la)
→ malgache

Mali (le)
→ malien(ne)

Maroc (le)
→ marocain(e)

Maurice (f.)
→ mauricien(ne)

Mauritanie (la)
→ mauritanien(ne)

Monaco (le)
→ monégasque

Niger (le)
→ nigérien(ne)

Rwanda (le)
→ rwandais(e)

Sénégal (le)
→ sénégalais(e)

Suisse (la)
→ suisse

Togo (le)
→ togolais(e)

Tunisie (la)
→ tunisien(ne)

Viêt-Nam (le)
→ vietnamien(ne)

Seychelles (les)
→ seychellois(e)

Vatican (le)
→ vatican(e)

Tchad (le)
→ tchadien(ne)

Vanuatu (le)
→ vanuatais(e)

Culture

La Francophonie

La Francophonie désigne aussi bien un espace géographique – les pays et régions francophones – qu'un espace culturel et linguistique – une communauté de locuteurs véhiculant idées et valeurs à travers la langue française. L'Organisation Internationale de la Francophonie (OIF) rassemble 88 États et gouvernements ; et la Corée du Sud l'a intégrée en 2016 en tant qu'État observateur. Il existe actuellement environ 300 millions de locuteurs francophones dans le monde, ce qui fait du français la quatrième langue utilisée sur la Toile et la cinquième parlée dans le monde. 59% des locuteurs quotidiens du français vivent en Afrique. L'influence de la langue française peut se mesurer à travers la croissance de ses locuteurs natifs comme apprenants ainsi qu'à travers sa faculté à s'imbriquer à d'autres langues.

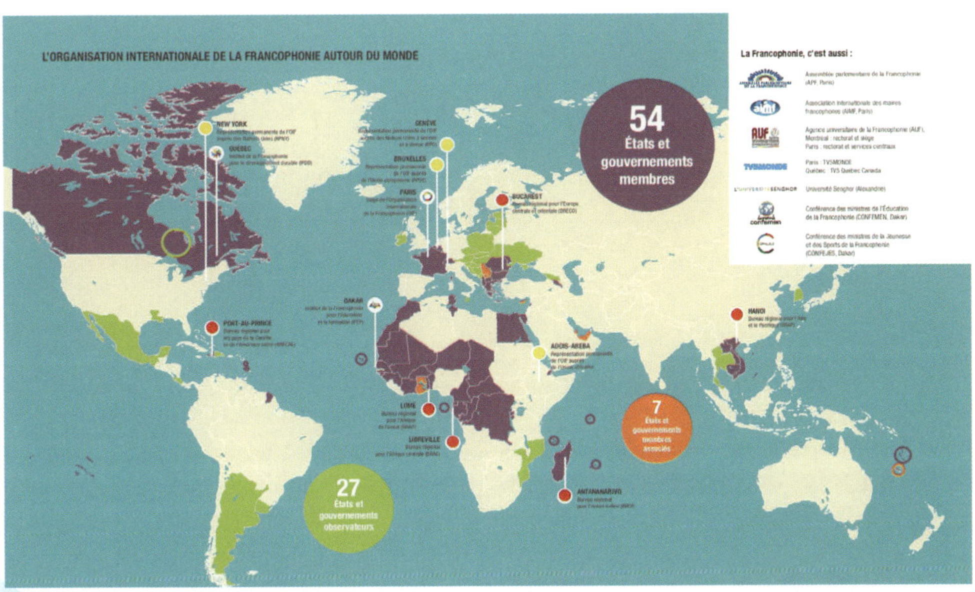

04

Tu as des frères et sœurs ?

Objectifs :

Présenter sa famille

Parler de sa profession

Parler de ses projets

I. Conversation

Thien : Au fait, tu n'as pas de frères et sœurs ?

Jiwoo : Si, j'ai deux frères et une sœur.

T : Tu en as de la chance ! Tu es l'aîné ?

J : Non, je ne suis pas l'aîné : j'ai une grande sœur.

T : Donc, tu es le cadet. Moi, je suis enfant unique.

J : Tu n'as pas de frères et sœurs ! Quel dommage !

T : Et tes parents, qu'est-ce qu'ils font dans la vie ?

J : Ma mère est fonctionnaire et mon père travaille comme ingénieur. Et tes parents, ils travaillent dans quoi ?

T : Mon père travaille dans l'informatique et ma mère est auto-entrepreneuse.

J : Plus tard, j'aimerais devenir journaliste. Quels sont tes projets d'avenir ?

T : En fait, je n'ai pas encore décidé.

II. Vocabulaire

2.1. Lexique français-anglais

le père = le papa	father
la mère = la maman	mother
les parents	parents
le fils / la fille	son / daughter
l'enfant	child
le frère / la sœur	brother / sister
le mari / la femme	husband / wife
le grand-père / la grand-mère	grandfather / grandmother
le petit-fils / la petite-fille	grandson / granddaugther
le neveu / la nièce	nephew / niece
l'oncle / la tante	uncle / aunt
le cousin / la cousine	cousin
le parrain / la marraine	godfather / godmother
l'acteur / l'actrice	actor / actress
artiste	artist
l'avocat(e)	lawyer
l'auto-entrepreneur	self-employed person
le boulanger / la boulangère	baker
le chanteur / la chanteuse	singer
le chef cuisinier	chef

l'employé(e)	employee
l'étudiant(e)	student
l'informaticien(ne)	IT engineer
l'ingénieur	engineer
le/la journaliste	journalist
le/la libraire	bookseller
le pharmacien(ne)	pharmacist
le serveur / la serveuse	waiter / waitress
le vendeur / la vendeuse	sales assistant

2.2. Expressions utiles

Est-ce que tu as des frères et sœurs ?	Do you have siblings ?
Tu en as de la chance !	How lucky you are !
Tu me manques.	I miss you.
Quel dommage !	What a pity !
Qu'est-ce qu'il fait dans la vie ? = Quelle est sa profession ?	What does he do for a living?
Tu travailles dans quel domaine ? = Tu travailles dans quoi ?	Which field do you work in ?
Il travaille comme médecin.	He works as a doctor.
Il a monté sa propre entreprise.	He opened up his own company.
Quels sont tes projets d'avenir ?	What are your plans for the future ?
Plus tard, j'aimerais devenir...	Later, I would like to become...

III. Grammaire

La négation

La négation permet d'exprimer le contraire du sens initial. Elle se construit avec "ne... pas" situé de part et d'autre du verbe conjugué. On peut également employer : "ne... plus", "ne... rien", "ne... guère", "ne... jamais", "ne... personne".

Exemples :

Je ne veux pas y aller.	I don't want to go there.
Il n'en peut plus !	He cannot take it anymore!
Nous n'avons rien mangé.	We didn't eat anything.
Vous ne vous reposez jamais.	You never rest.
Ils ne rencontrent personne.	They don't meet anyone.

Ⅳ. Exercices

4.A. Relevez les formes négatives dans la conversation ci-dessus.

4.B. Remplissez les blancs en utilisant les formes négatives suivantes : "ne... pas" ; "ne... plus", "ne... rien", ; "ne... jamais", "ne... personne".

1. Les participants ne sont pas là : je _ vois _____ dans la salle.

2. Il fait noir, nous _ voyons ___ !

3. C'est très dangereux. _ fais ___ ça !

4. Elle a arrêté de venir à l'université et elle _ étudie __ .

5. Non merci, je _ bois __ d'alcool.

Culture

Le parrain et la marraine

Lors de la naissance d'un enfant, il existe une tradition selon laquelle les parents doivent choisir un parrain et une marraine. D'origine chrétienne, cette tradition s'étend parfois aux athées mais reste rare car le parrain et la marraine doivent veiller à transmettre les valeurs chrétiennes à l'enfant. Ils ont un rôle de seconds parents, promettent de lui consacrer du temps, de s'intéresser à lui et de s'occuper de lui. Ils entretiennent une relation spéciale et plus forte qu'avec les autres membres de la famille. Des amis des parents peuvent l'être mais dans la plupart des cas, ils sont choisis au sein de la famille.

05

Il est comment ?

Objectifs :

Décrire les vêtements
Décrire une personne
Parler de la personnalité de quelqu'un

I. Conversation

Lucie : Tu sais, j'ai un petit ami.

Vincent : Je suis content pour toi. Il est comment ?

L : Il est moins grand que toi. Et il a les cheveux bruns, un peu bouclés.

V : Est-ce qu'il est beau ?

L : Évidemment, il est beau comme un astre.

V : Et ses yeux sont de quelle couleur ?

L : Il a les yeux bleus. Et toi, parle-moi de ta petite amie.

V : Elle est plus timide que moi.

L : Et quels vêtements porte-t-elle en général ?

V : D'habitude, elle porte une jupe et un sac à main.

L : De quelle couleur est son sac ?

V : Il est rouge.

L : Moi, mon petit ami porte un blouson en cuir marron, un jean bleu et des lunettes de soleil.

II. Vocabulaire

2.1. Lexique français-anglais

le/la petit/e ami/e	boyfriend / girlfriend
grand	tall
le cheveu	hair
brun	brown
bouclé	curly
beau	handsome
jaloux	jealous
évidemment	of course
œil, yeux	eye
timide	shy
extraverti	extrovert
exagérer	to exaggerate
paresseux	lazy
une robe	dress
une jupe	skirt
un sac à main	handbag
un blouson	jacket
un jean	jeans
des lunettes de soleil	sunglasses
noir	black

bleu	blue
vert	green
En général = D'habitude	usually

2.2. Expressions utiles

Il / Elle est comment ?	How is he / she ?
Il / Elle est comment physiquement ?	How does he / she look like?
Quelle est sa personnalité ?	What is his / her personality like ?
Quelles sont ses qualités ?	What are his / her qualities ?
Quels sont ses défauts ?	What are his / her weak points ?
Quels sont vos points communs ?	What do you have in common ?
De quelle couleur est son sac ?	Which color is his / her bag ?
De quelle couleur sont ses yeux ?	Which color are his / her eyes ?
Quels vêtements porte-t-il / elle ? = Il / Elle s'habille comment ?	What clothes does he / she wear?
Quel est son style ?	What is his / her style ?

III. Grammaire

la comparaison avec les adjectifs

Pour comparer, on utilise utilise un adjectif précédé de "plus", "moins", "aussi" et suive de "que". Attention aux exceptions : bon > meilleur ; mauvais > pire.

Exemples

Il est plus intelligent que Pierre.	He is smarter than Pierre.
Elle est plus grande que Jeanne.	She is taller than Jeanne.
Amélie et Marie sont aussi rapides (l'une que l'autre).	Amélie and Marie run as fast as each other.

IV. Exercices

4.A. Relevez les comparaisons dans la conversation ci-dessus.

4.B. Lisez les phrases et faites des comparaisons avec "plus... que" ; "moins... que", "aussi... que".

1. René a eu 17/20 à l'examen. Richard a eu 15/20.

2. Richard mesure 1 m 69. René mesure 1 m 84.

3. René est né en 2004. Richard est né en 2005.

4. Richard a 100 euros. René a 100 euros.

5. René est timide. Richard est extraverti.

Culture

Les entreprises françaises en Corée

Environ 3 000 Français vivent en Corée du Sud et 200 entreprises françaises y sont implantées. Elles emploient environ 28 000 personnes.

La France est le deuxième exportateur de pièces aéronautiques, de cosmétiques et d'équipements industriels. Après l'arrivée de groupes pionniers comme Air France (1964) et BNP (1976), des grandes entreprises dans les années 1980, puis des fusions et acquisitions de Renault Samsung Motors ou Total et Samsung General Chemicals (2000), l'heure est plutôt aux partenariats et PME. De nombreuses start-ups spécialisées dans le domaine des Nouvelles Technologies de l'Information et de la Communication (NTIC) bénéficient du fond d'investissement Korelya Capital (2016).

06

Qu'est-ce que tu aimes faire ?

Objectifs :

Parler de la météo
Décrire ses loisirs
Exprimer ses goûts

I. Conversation

Lucie : Quel temps fait-il aujourd'hui ?

Vincent : Aujourd'hui, il fait froid. C'est l'hiver.

L : En hiver, quand le temps se refroidit, j'aime bien faire du ski.

V : Ah bon ? Moi, quand les cours finissent, je préfère rester à la maison au chaud.

L : Si tu choisis une saison, laquelle est ta saison préférée ?

V : Je choisis le printemps. Tout est vert, c'est super !

L : Qu'est-ce que tu aimes faire ?

V : Quand il fait beau, j'adore faire du vélo. La randonnée aussi, ça me plaît. Et toi, tu es sportive ?

L : Non, pas du tout ! Le sport, j'ai horreur de ça.

V : Alors, quels sont tes loisirs ?

L : Je joue du piano. Parfois je peins aussi. Et le week-end, je me repose!

II. Vocabulaire

2.1. Lexique français-anglais

le printemps	spring
l'été	summer
l'automne	fall
l'hiver	winter
faire du sport	to play sport
faire du ski	to ski
faire du vélo	to go cycling
faire de la randonnée	to hike
les jeux de balle	ball games
les loisirs	hobbies
sportif	sporty
jouer du piano	to play the piano
le conservatoire	music academy
prendre des cours	to take classes
peindre	to paint
faire le ménage	to clean the house
se reposer	to take a rest

2.2. Expressions utiles

Quel temps fait-il à Paris ?	How is the weather in Paris ?
Quel temps fait-il en hiver ?	How is the weather in winter ?
Il fait quel temps demain ?	How is the weather tomorrow ?
Il fait beau / chaud / frais / froid / mauvais / nuageux.	The weather is good / hot / fresh /cold / bad / cloudy.
Il neige.	It is snowing.
Il y a du vent.	It is windy.
Il fait 15°.	The temperature is 15°.
Quels sont vos loisirs / passe-temps ?	What are your hobbies ?
J'aime le cinéma et la musique.	I like cinema and music.
Qu'est-ce que vous faites le week-end / quand vous avez du temps libre ?	What do you do on weekends / when you have spare time ?
Je ne fais rien de spécial.	I don't do anything special.
Quelle musique préférez-vous ?	What is your favorite music ?
J'adore la K-pop.	I love K-pop.
Je préfère le café.	I prefer coffee.
Ça me plaît beaucoup.	I like it a lot.
Je n'aime pas (du tout) le sport.	I don't like sport (at all).
Elle n'aime pas sortir le soir.	She does not like to go out in the evening.
La politique ne m'intéresse pas.	I am not into politics.
Je déteste les mathématiques.	I hate mathematics.

III. Grammaire

Les verbes du deuxième groupe

Les verbes du deuxième groupe se terminent en –ir à l'infinitif. Au présent de l'indicatif, ils se finissent en : -is ; -is ; it ; -issons ; - issez ; issent.

FINIR (to finish)	CHOISIR (to choose)
Je finis	Je choisis
Tu finis	Tu choisis
Il / Elle / On finit	Il / Elle / On choisit
Nous finissons	Nous choisissons
Vous finissez	Vous choisissez
Ils / Elles finissent	Ils / Elles choisissent

Ⅳ. Exercices

4.A. Relevez les verbes du deuxième groupe dans la conversation ci-dessus.

4.B. Remplissez les blancs en conjuguant au présent de l'indicatif les verbes : finir ; grandir ; salir ; obéir ; remplir.

1. Le chien _____ à son maître.

2. Attention, tu ______ ton pantalon avec la confiture.

3. Les enfants ______ à vue d'œil.

4. Nous ______ la bouteille de jus d'orange.

5. Aujourd'hui, les cours _______ à 17 heures.

Culture

Les séries francophones

Les séries télévisées, ou feuilletons télévisés, francophones gagnent un public d'autant plus vaste qu'elles constituent un excellent moyen d'apprendre une langue étrangère : répliques dans la langue de tous les jours et scénarios à rebondissements. *Caméra Café* (France, plus de 500 épisodes d'environ 3 minutes) montre des collègues de travail qui discutent autour d'une machine à café. *M'entends-tu* ? (Québec) présente l'avantage de pouvoir se familiariser avec les québécismes tout en sensibilisant ses spectateurs à des problèmes d'actualité (précarité professionnelle et place de la femme dans la société). Enfin, Parlement (co-production franco-germano-belge) offre un portrait humouristique d'une Europe polyglotte sur fond de Brexit.

Il vous faudra autre chose ?

07

Objectifs :

Passer une commande au marché
Décrire un fruit, un légume
Régler un achat

Ⅰ. Conversation

Au marché

Vendeuse : Bonjour monsieur.

Client : Bonjour madame. Je voudrais un kilo de tomates, s'il vous plaît.

V : Bien sûr. Et avec ceci ?

C : Deux kilos de carottes.

V : Deux kilos. Il vous faudra autre chose ?

C : Oui, il me faudrait une dizaine de pêches et un kilo de pommes.

V : Des pêches jaunes ou blanches ?

C : Blanches. Auriez-vous des melons ?

V : Oui, en voilà un. Ce sera tout ?

C : Oui.

V : Alors, ça vous fera onze euros cinquante en tout. Vous souhaitez régler par carte ?

C : Non, en espèces, s'il vous plaît.

V : Merci, bonne journée! Au revoir!

C : À vous aussi, au revoir!

II. Vocabulaire

2.1 Lexique français-anglais

un marché	market
un supermarché = une grande surface	supermarket
un centre commercial	shopping mall
un/e client/e	customer
un vendeur / euse	sales assistant
une tomate	tomato
une carotte	carrot
une pêche	peach
une pomme	apple
jaune	yellow
blanc	white
rouge	red
un melon	melon
régler = payer	to pay

2.2 Expressions utiles

Que désirez-vous ?	What would you like ?
Je voudrais un kilo de tomates, s'il vous plaît.	I would like a kilo of tomatoes, please.
Et avec ceci ?	Anything else ?
Il vous faudra autre chose ?	Would you like anything else ?
Ce sera tout ?	Will that be all ?
Ça coûte combien ? = Je vous dois combien ?	How much is it ?
Vous acceptez les paiements par carte ?	Do you accept card payments ?
Vous souhaitez régler par carte ou en espèces ?	Do you wish to pay by card or cash ?

III. Grammaire

Pour exprimer une demande dans un registre formel et poli, on peut utiliser le conditionnel.

Je souhaiterais	
Je voudrais	+ Nom ou + Infinitif
J'aimerais	
Je désirerais	
Auriez-vous... ?	+ Nom

Exemples :

Je voudrais un croissant, s'il vous plaît.	I would like a croissant, please.
Auriez-vous des avocats, par hasard ?	Would you have avocadoes by any chance ?
Pourriez-vous les mettre dans un sac plastique ?	Could you put them in a plastic bag ?

IV. Exercices

4.A. Relevez les conditionnels dans la conversation ci-dessus.

4.B. Retrouvez les infinitifs des verbes au conditionnel dans les phrases ci-dessous.

1. Auriez-vous des citrons verts, par hasard ?

2. Pourriez-vous me donner un sac supplémentaire, s'il vous plaît ?

3. Voudriez-vous goûter ces cerises ?

4. Nous aimerions acheter des fruits de saison, si possible.

5. Vous souhaiteriez régler par carte ou en espèces ?

Culture

L'Union Européenne et la zone euro

Avec environ 18% du PIB mondial, l'Union Européenne (UE) des 27 représente la deuxième économie mondiale derrière les États-Unis et devant la Chine. Créée en 1999, la zone euro regroupe aujourd'hui 19 pays : Allemagne, Autriche, Belgique, Chypre, Espagne, Estonie, Finlande, France, Grèce, Irlande, Italie, Lettonie, Lituanie, Luxembourg, Malte, Pays-Bas, Portugal, Slovaquie et Slovénie. La devise de l'euro est également utilisée de facto par l'Andorre, le Kosovo, Monaco, le Monténégro, Saint-Marin et le Vatican. Depuis 2011, l'Union Européenne et la Corée ont signé un accord de libre échange. Au cours des dix dernières années, le taux de change de l'euro face au won oscille entre 1100 et 1600 won pour un euro.

08

Quelle est votre taille ?

Objectifs :

S'informer sur un produit

Décrire un vêtement

Parler de la mode

I. Conversation

À la boutique de vêtements

Cliente : Bonjour, vous ouvrez à quelle heure ?

Vendeuse : Bonjour, c'est ouvert. Entrez. Je peux vous aider ?

Cliente : Oui, je cherche un pantalon.

V : Suivez-moi ! Les pantalons sont ici. Vous cherchez une coupe ou une couleur en particulier ?

C : C'est pour sortir le soir, alors plutôt dans un style décontracté.

V : J'ai ce modèle en coton et lin. Voulez-vous l'essayer ?

C : Oui.

V : Quelle est votre taille ?

C : Je fais du 36.

V : Alors ?

C : J'aimerais le prendre en rouge. Il est à combien ?

V : Il est à 49 euros, s'il vous plaît.

C : Vous souhaitez "faire une carte" ?

V : Bien sûr.

II. Vocabulaire

2.1. Lexique français-anglais

la boutique = le magasin	shop
un vêtement	clothes
ouvrir	to open
entrer	to go in
chercher	to look for
faire	to do, to make
prendre	to take
sortir	to go out
ample ≠ serré	loose ≠ tight
une coupe	a design
une cabine d'essayage	a dressing room
une ceinture	a belt
un haut	top
décontracté ≠ habillé	casual ≠ formal
essayer	to try on
coton	cotton
lin	linen
déteindre	to fade

2.2. Expressions utiles

Vous ouvrez à quelle heure ?	At what time to you open ?
Je peux vous aider ? = Puis-je vous aider ?	May I help you ?
Suivez-moi !	Follow me !
Vous cherchez une coupe ou une couleur en particulier ?	Are you looking for a specific design or color ?
Vous avez quelque chose de plus léger ?	Do you have anything lighter ?
Voulez-vous l'essayer ?	Would you like to try it on ?
Quelle est votre taille ?	What is your size ?
Tenez !	Here you are !
Ça a été ?	How did it go ?
Ça ne déteint pas ?	Does the fabric fade / run ?
Ça ira, merci.	I'll be fine, thanks.
Vous souhaitez "faire une carte" ?	Do you want to pay by card ?

III. Grammaire

Les verbes du troisième groupe

Les verbes du troisième groupe sont irréguliers. Ils se terminent par –ir, -dre, -tre, -aindre, -eindre, -oir, -oire, -oudre, -oindre.

Quelques exemples

PRENDRE (to take)	FAIRE (to do)
Je prends	Je fais
Tu prends	Tu fais
Il / Elle / On prend	Il / Elle / On fait
Nous prenons	Nous faisons
Vous prenez	Vous faites
Ils prennent	Ils font

METTRE (to put)	PEINDRE (to paint)
Je mets	Je peins
Tu mets	Tu peins
Il / Elle / On met	Il / Elle / On peint
Nous mettons	Nous peignons
Vous mettez	Vous peignez
Ils / Elles mettent	Ils / Elles peignent

IV. Exercices

4.1 Relevez les verbes du troisième groupe dans la conversation ci-dessus.

4.2 Complétez les phrases ci-dessous à l'aide des verbes suivants : peindre, prendre, mettre, boire, faire.

1. Qu'est-ce que tu ____ le week-end ?

2. Pour sortir ce soir, vous _____ votre veste ?

3. Nous _______ tous les mercredis à l'atelier.

4. Ils ne sont pas pressés : ils ______ leur temps.

5. Au petit déjeuner, elle ____ toujours un jus de fruit.

Culture

Repos ou shopping dominical ?

Il est désormais possible de faire ses achats le dimanche en France. Traditionnellement réservé au repos dit dominical, le dimanche peut être jour ouvré, c'est-à-dire, jour d'ouverture pour les commerces. Depuis la loi Macron du 6 août 2015, les maires peuvent décider de l'ouverture des commerces jusqu'à douze dimanches par an, et non plus cinq. Il existe cependant quelques exceptions à cette loi, et notamment pour les douze gares les plus fréquentées de France, les dix-huit zones les plus touristiques (Paris, le Val-de-Marne, les Alpes-Maritimes, le Calvados, la Loire-Atlantique et la Côte d'or) et les centres commerciaux de plus de 20 000 mètres carrés de surface de vente. Toutefois, les salariés ont le droit de refuser de travailler le dimanche. C'est peut-être pour aller faire leurs achats !

09

Où avez-vous mal ?

Objectifs :

Parler de maladies
Décrire des symptômes
Décrire le corps

Ⅰ. Conversation

À la pharmacie.

Pharmacien : Bonjour monsieur. Qu'est-ce qu'il vous faut ?

Client : Bonjour, j'aimerais quelque chose pour mon rhume.

J'ai pris froid cette nuit et je suis tombé malade.

P : Où avez-vous mal ?

C : J'ai mal à la gorge car j'ai beaucoup toussé hier.

P : Et vous avez de la fièvre ?

C : Non, mais j'ai mal à la tête.

P : Je vais vous donner du sirop pour la toux, des pastilles pour la gorge et de l'aspirine. Si vous ne vous sentez pas mieux dans les prochains jours, vous devriez aller voir votre médecin.

II. Vocabulaire

2.1 Lexique français-anglais

la pharmacie	pharmacy
le pharmacien	pharmacist
un rhume	cold
la gorge	throat
tousser	to cough
un médecin	doctor
un patient	patient
éternuer	to sneeze
la fièvre	fever
la tête	head
le dos	back
le sirop	syrup
la toux	cough
la pastille	throat sweet
l'aspirine	aspirin

2.2 Expressions utiles

J'ai mal à la tête.	I have a headache.
J'ai de la fièvre.	I have fever.
Je suis malade.	I am sick.
J'ai attrapé la grippe.	I caught a flu.
J'ai un rhume.	I have a cold.
J'ai une gastro.	I've been food-poisoned.
Bon rétablissement !	Have a quick recovery !
Repose-toi bien !	Have a good rest !
Prends bien soin de toi !	Take care of yourself !
Bon courage !	Good luck !
J'ai faim. / J'ai soif.	I am hungry / I am thirsty
J'ai froid. / J'ai chaud.	I am cold / I feel warm
Je ne me sens pas bien.	I don't feel well.
Qu'est-ce qu'il y a ?	What is the matter ?
Qu'est-ce qui ne va pas ?	What is wrong ?
Qu'est-ce qui se passe ?	What's going on ?

III. Grammaire

Le passé composé

Le passé composé est constitué de l'auxiliaire être ou avoir auquel on ajoute le participe passé du verbe conjugué. Avec l'auxiliaire être, le participe passé s'accorde en genre et en nombre avec le sujet. Les participes passés des verbes du premier groupe se termine en -é : manger > mangé. Les participes passés des verbes du deuxième groupe se termine en –i : finir > fini. Quelques participes passés irréguliers : prendre > pris ; savoir > su ; pouvoir > pu ; avoir > eu ; être > été ; vouloir > voulu ; devoir > dû ; boire > bu ; concevoir > conçu.

CHANTER (to sing)	PARTIR (to leave)
J'ai chanté	Je suis parti(e)
Tu as chanté	Tu es parti(e)
Il a chanté	Il est parti
Elle a chanté	Elle est partie
Nous avons chanté	Nous sommes parti(e)s
Vous avez chanté	Vous êtes parti(e)s
Ils ont chanté	Ils sont partis
Elles ont chanté	Elles sont parties

IV. Exercices

4.1 Relevez les verbes au passé composé dans la conversation ci-dessus.

4.2 Complétez les phrases ci-dessous au passé composé à l'aide des verbes suivants : voir ; chanter ; tomber ; comprendre ; aller.

1. Hier, je ______ au cinéma.

2. Tu ______ la série à la télé ou sur Netflix ?

3. Ils posent une question car ils ne ________ .

4. Suite à la baisse des températures, beaucoup d'étudiants _____malades.

5. Vous avez mal à la gorge car vous _____ trop ______ au karaoké.

Culture

La Fête de la bande dessinée à Bruxelles

La BD (bande dessinée) est un art à la croisée du dessin et de la littérature qui est tellement apprécié qu'il a obtenu le statut de neuvième art. Chaque année, des festivals de la BD se tiennent à Angouleme et Bruxelles. En 2021, la Corée du Sud en était l'invitée d'honneur pour présenter ses *manwha et webtoons*. La transerversalité de cet art en garantit en grande partie sa renaissance perpétuelle et sa fécondité. Certains classiques ont tellement frappé l'imagination de leurs lecteurs qu'ils ont été adaptés au cinéma (*Tintin, Astérix et Obélix*) ; d'autres ont été repris par la nouvelle génération (*Océan Noir* avec Corto Maltese). Enfin, la BD permet aussi de revisiter ou rendre plus accessibles les grands classiques de la littérature (*Notre-Dame de Paris, Le tour du monde en 80 jours*).

Quelle cuisson désirez-vous ?

10

Objectifs :

Passer la commande au restaurant
Décrire un plat
Parler de ses projets immédiats

I. Conversation

Serveur : Bonjour. Voici le menu.

Client : Merci.

S : En plat du jour, nous avons une souris d'agneau accompagnée de pommes de terre grenailles.

C : Je vais prendre la formule à 20 euros.

S : Et comme boisson ?

C : Je vais boire un Perrier Citron.

S : Oui. Et en entrée ?

C : En entrée, je vais goûter la salade de chèvre chaud.

S : Très bien. Et en plat principal ?

C : L'entrecôte frites, s'il vous plaît. Et en dessert, je vais prendre la tarte tatin.

S : C'est noté. Je vous amène votre boisson tout de suite.

C : Merci.

S : Je vous en prie.

II. Vocabulaire

2.1. Lexique français-anglais

une boisson	a drink
un plat	a dish
le plat du jour	today's special
tout de suite	right now
plus tard	later
une formule = un menu	menu
une cuisson	a cooking
une entrée	starter = first course
un plat principal	main course
un dessert	a dessert
bleu, saignant, à point, bien cuit	very rare, rare, medium rare, well done
une tarte	a pie
un choix	a choice

2.2. Expressions utiles

Pouvez-vous répéter, s'il vous plaît ?	Could you repeat, please ?
Pourriez-vous m'aider, s'il vous plaît?	Could you help me, please ?
Si on allait au restaurant ?	What about going to the restaurant ?
Vous voulez prendre quelque chose ?	Do you care for a drink ?

Oui, d'accord.	Yes, sure.
Avec plaisir.	I'd be happy to.
Non merci.	No thanks.
Je suis désolé. Je ne peux pas.	I'm sorry. I can't.
C'est gentil, mais je suis déjà pris(e).	That's kind of you but I have an engagement.
Tu es libre cet après-midi ?	Are you free this afternoon ?
Qu'est-ce que tu fais samedi ?	What are you up to on Saturday ?
Venez, je vous offre un café.	Come on, coffee is on me.
Vous voulez boire quelque chose ?	Would you like a drink ?
Je te sers un café ?	Shall I make a coffee for you ?
Je te ressers du fromage ?	Would you like some more cheese ?
Pouvez-vous me passer le sel, s'il vous plaît ?	Could you please pass the salt ?

III. Grammaire

Le futur proche se compose avec le verbe aller au présent auquel on ajoute un verbe à l'infinitif. Il sert à exprimer une action qui se déroule dans un futur proche voire immédiat. Il se distingue ainsi du futur simple pour les actions ou projets dans un futur plus éloigné.
Structure : ALLER : je vais, tu vas, il/elle/on va, nous allons, vous allez, ils vont + infinitif.

Exemples :

Après le cours, nous allons déjeuner à la cafétéria.	After class, we will have lunch at the cafeteria.
Ce week-end, je vais camper avec des amis.	This weekend, I will go camping with friends.

IV. Exercices

4.A. Relevez les verbes au futur proche dans la conversation ci-dessus.

4.B. Complétez les phrases au futur proche à l'aide des verbes suivants :
faire ; prendre ; participer ; pique-niquer ; arriver.

1. Demain, nous _________ au parc.

2. Qu'est-ce que vous __________ après le cours ?

3. Le livreur _______ d'un instant à l'autre.

4. Ce soir, elles __________ à un concert.

5. Finalement, tu ________ le bus pour rentrer chez toi ?

Culture

Le bistrot

L'origine du mot remonte à 1814 lorsque les soldats russes demandaient à boire "rapidement !", soit l'équivalent du "빨리 빨리!" coréen. Le mot bistrot, ou bistro, est de registre familier et peut tout aussi bien indiquer un café, un bar ou un restaurant, selon le contexte. Les tarifs sont croissants selon que l'on installe au comptoir, en salle ou en terrasse. Les habitués se retrouvent souvent au comptoir pour discuter entre eux, avec les serveurs ou pour lire la presse fournie par l'établissement. Depuis l'interdiction de fumer dans les lieux publics (2007), les terrasses, chauffées en hiver, sont devenues très prisées par les fumeurs. S'il n'est pas obligatoire de donner un pourboire au serveur, on observe tout de même que la pratique consistant à laisser quelques pièces supplémentaires avec l'addition est assez répandue.

11

Qui est à l'appareil ?

Objectifs :

Contacter un client
Laisser un message
Donner des instructions

Ⅰ. Conversation

Monsieur Lee : Allô, bonjour ! Je souhaiterais parler à monsieur Léthain, s'il vous plaît.

Réceptionniste : Bonjour, qui est à l'appareil, s'il vous plaît ?

L : C'est monsieur Lee, de la société Express.

R : Oui, attendez un instant je vous prie. Je vous mets en ligne tout de suite. Ne quittez pas.

(Attente)

R : Oui, monsieur Lee. Je suis désolée, son poste est occupé. Voulez-vous lui laisser un message ?

L : Oui, s'il vous plaît. Dites-lui que monsieur Lee, de la société Express, a appelé au sujet de sa dernière commande. Les produits sont prêts.

R : Oui, c'est noté. Je vais lui transmettre votre message.

L : Merci bien.

R : Quel est votre numéro, s'il vous plaît ?

L : C'est le 010-2456-8213.

R : D'accord.

L : J'attends son appel. Au revoir.

R : Au revoir.

II. Vocabulaire

2.1. Lexique français-anglais

mettre en ligne	to put through
quitter = raccrocher ≠ décrocher le téléphone	to hang up the phone ≠ to pick up the phone
laisser un message	to leave a message
transmettre un message	to leave a message for someone
une commande	an order
prêt	ready
dès que possible	as soon as possible
rappeler	to call back
composer	to dial
un indicatif	a country code
bien entendu = bien sûr	of course
un lit	a bed
un supplément	an extra charge
supplémentaire	extra

2.2. Expressions utiles

Qui est à l'appareil ?	Who is speaking ?
Puis-je parler à Chris, s'il vous plaît ?	May I speak to Chris, please ?
Un instant, s'il vous plaît.	One moment, please.
Ne quittez pas.	Please hold the line.
Voulez-vous que je lui transmette un message ?	Shall I leave a message for him/her ?
Désolé(e), il (elle) est en ligne actuellement.	Sorry, he (she) is on the phone right now.
Vous vous êtes trompé(e) de numéro.	You dialled the wrong number.
Le réseau est mauvais.	The network is bad.
Je vous rappellerai plus tard.	I'll call you back later.

III. Grammaire

L'impératif

L'impératif ne se conjugue qu'à trois personnes : la deuxième personne du singulier, la première et la deuxième personnes du pluriel. Attention : il nc faut pas écrire les pronoms personnels sujets.

Exemple :

PRENDRE (to take)		
Prends	Prenons	Prenez

Attention : pour les verbes du premier groupe (en –ER), il faut supprimer le "s" à la deuxième personne du singulier.

CHANTER (to sing)		
Chante	Chantons	Chantez

IV. Exercices

4.A. Relevez les impératifs dans la conversation ci-dessus.

4.B. Complétez les phrases suivantes à l'impératif à l'aide des verbes suivants : apporter ; se dépêcher ; oublier ; réserver ; patienter ;

1. Monsieur Richard est en réunion. _____ un instant, s'il vous plaît.

2. Tu cs cn rctard. ________ !

3. Nous allons rester deux jours de plus. _______ vite nos billets !

4. ________ de composer l'indicatif de la France +33 !

5. ______ une pièce d'identité à l'examen !

Culture

Téléphones fixes, portables... et textos !

Les indicatifs téléphoniques des téléphones fixes en France sont divisés en cinq zones : 01 pour l'Île-de-France ; 02 pour le Nord-Ouest ; 03 pour le Nord-Est ; 04 pour le Sud-Est ; et 05 pour le Sud-Ouest. En ce qui concerne les téléphones portables, les numéros commencent soit par 06 soit par 07. De manière plus générale, la langue française offre plein d'opportunités d'abréviations et d'innovations lorsqu'il s'agit d'envoyer des SMS ou textos. Connaissiez-vous les suivantes ? a2m1 signifie "à demain" ; @+ "à plus" ; b1to "bientôt" ; bcp "beaucoup" ; c "c'est" ; ct "c'était" ; dsl "désolé" ; g "j'ai" ; "ki" "qui" ; l "elle" ; l8 "lui" ; mdr "mort de rire" ; mm "même" ; oqp "occupé" ; psk "parce que" ; R1 "rien".

12

C'est loin d'ici !

Objectifs :

Demander son chemin
Indiquer un itinéraire
Parler des moyens de transport

I. Conversation

Une touriste : Excusez-moi, monsieur. Je cherche le musée d'art moderne, s'il vous plaît ?

Un passant : Oh là là ! C'est loin d'ici ! Alors, vous prenez le boulevard de la République. Vous marchez tout droit jusqu'à la pharmacie. Elle est à environ 500 mètres d'ici. De là, vous tournez à droite et le musée d'art moderne est juste là. Vous ne pouvez pas le rater.

T : C'est possible de s'y rendre en métro également ?

P : Bien entendu ! C'est direct. Tenez, la bouche de métro la plus proche est là, vous la voyez ?

T : Ah oui ! Derrière le kiosque à journaux.

P : C'est à seulement trois stations d'ici.

T : Je vous remercie, monsieur. Vous êtes bien aimable.

P : Mais il n'y a pas de quoi.

II. Vocabulaire

2.1. Lexique français-anglais

s'égarer	to get lost
chercher	to look for
un musée	a museum
un passant	a passer-by
profiter de	to enjoy
marcher	to walk
se situer = se trouver	to be = to be located
tourner	to turn
ensuite = puis	then
traverser	to cross
rater	to miss
se rendre à = aller	to go to
un kiosque	a booth
descendre	to get off
aimable	kind

2.2. Expressions utiles

Où est le musée, s'il vous plaît ? = Où se trouve le musée, s'il vous plaît ?	Where is the museum, please ?
Pour aller à la gare, s'il vous plaît ? = La gare c'est par où, s'il vous plaît ?	How do I go to the train station, please?
Pouvez-vous m'indiquer où est la station de métro la plus proche, s'il vous plaît ?	Could you please tell me where is the nearest subway station ?
Allez tout droit.	Walk straight.
Tournez à gauche [droite].	Turn left [right].
Prenez le première rue à droite.	Take the first street to the right.
Prenez le métro, c'est plus sûr.	Take the tube, it's safer.
Traversez l'avenue et vous y êtes.	Cross the avenue and there you are.
C'est par là.	Go this way.
C'est loin d'ici.	It's far from here
C'est près d'ici.	It's close by.
J'y vais en bus [en métro, en voiture, en train, à pied].	I'm going there by bus, by subway, by car, by train, by walk.

III. Grammaire

- Les prépositions pour se situer dans l'espace

à gauche ≠ à droite
entre__et___
au milieu de
au-dessus de ≠ en-dessous de
sur ≠ sous
en haut ≠ en bas
en face de
devant ≠ derrière
à coté de
près de ≠ loin de

on the left ≠ on the right
between__ and __
in the middle of
on top of ≠ beneath
on ≠ under
in front of
in front of ≠ behind
next to
close to ≠ far from

IV. Exercices

4.A. Relevez les expressions pour se situer dans l'espace dans la conversation ci-dessus.

4.B. Remplissez les blancs avec les expressions suivantes : à gauche ; entre ; derrière ; à côté de la ; en bas.

1. On ne voit pas la poste d'ici. Elle est ____ la mairie.

2. Pour aller à la gare, il ne faut pas tourner à droite, il faut tourner______.

3. Le kiosque à journaux est ____ l'épicerie et le bureau de tabac.

4. Le centre commercial est sur deux étages : en haut, il y a les restaurants, et _____, les magasins.

5. La charcuterie est juste ______ banque.

Culture

Les transports verts en ville

Pour limiter la pollution en ville, les municipalités ont redoublé d'efforts et d'initiatives. Les transports en commun sont les premiers à bénéficier de cette révolution verte. Les bus à carburant sont désormais remplacés par des bus électriques à hydrogène dont l'autonomie atteint 300 kilomètres pour un temps de recharge de seulement 10 minutes. De nombreuses villes ont aussi déclaré la guerre aux voitures en agrandissant les espaces piétons en centre-ville et en mutlipliant les couloirs de bus. Mais les grands gagnants de ces évolutions sont sans doute les cyclistes puisque des vélos et range-vélos sont mis en libre-service aux quatre coins de la ville (système Vélib) alors que les pistes cyclables desservent un nombre croissant de quartiers.

13

Tes vacances se sont bien passées ?

Objectifs :

Parler de ses vacances
Raconter des événements passés
Donner ses impressions

Ⅰ. Conversation

Vincent : Alors, tes vacances se sont bien passées ?

Lucie : Oui, c'était génial ! Je me suis bien reposée.

V : Tu es allée où ?

L : D'abord, j'ai pris l'avion direction Porto, au Portugal. Puis, je me suis rendue à Lisbonne. Et finalement, j'ai passé 10 jours dans l'Algarve, au bord de la mer.

V : Et qu'est-ce que tu as fait ?

L : Je me suis baignée et je me suis promenée tous les jours.

V : Tu n'as pas rencontré Alvaro ?

L : Non, tu sais nous ne nous sommes plus parlé depuis bien longtemps.

V : En tout cas, j'ai l'impression que tu t'es bien ressourcée.

II. Vocabulaire

2.1. Lexique français-anglais

les vacances	holiday
génial	great
l'avion	plane
se rendre	to go
se reposer	to take a rest
se baigner	to swim
le bord de mer	seashore
se promener	to take a walk
rencontrer	to meet
se ressourcer	to recharge your batteries
se faire renvoyer	to get fired
se mettre à	to start doing
une impression	impression
un emploi	job

2.2. Expressions utiles

Comment se sont passées tes vacances ?	How was your holiday ?
C'était génial !	It was great !
C'était incroyable !	It was unbelievable !
C'était nul !	It was so bad !
Nous ne sommes plus parlé depuis bien longtemps.	We haven't spoken to each other for a long time.
j'ai l'impression que	I have the impression that
En fait,	In fact,
Je me suis fait renvoyer	I got fired.
Je suis désolée d'apprendre ça.	I am sorry to hear that.
Je me suis mis à chercher un emploi.	I have started job hunting.
D'abord,	First,
Puis,	Then,
Et finalement,	And finally,

III. Grammaire

Les verbes pronominaux

Les verbes pronominaux ou réfléchis s'accompagnent d'un pronom réfléchi (me, te, se, nous, vous, se) qui se place après le verbe conjugué à l'impératif.

SE PROMENER (to take a walk) (Présent de l'indicatif)	SE LEVER (to wake up) (Impératif)
Je me promène	
Tu te promènes	Lève-toi !
Il / Elle se promène	
Nous nous promenons	Levons-nous !
Vous vous promenez	Levez-vous !
Ils se promènent	

Au passé composé, l'accord du participe passé s'effectue quand le pronom réfléchi est placé avant l'auxiliaire : Elle s'est lavée ≠ Elle s'est lavé les mains ; et quand le pronom réfléchi est complément d'objet direct : Elles se sont rencontrées ≠ Elles se sont téléphoné.

IV. Exercices

4.A. Relevez les verbes pronominaux dans la conversation ci-dessus.

4.B. Complétez les phrases ci-dessous avec les verbes pronominaux suivants : se reposer ; se parler ; se laver ; se tromper ; se dépêcher.

1. ________ ! Le train va bientôt partir.

2. Hier, j'ai étudié puis je ________ .

3. Les enfants, ________ les mains avant de passer à table.

4. Il m'a appelée et nous ________ au téléphone pendant deux heures.

5. Ils n'ont fait aucune faute : ils __________ .

Culture

Québec et québécismes

Avec Saint-Pierre et Miquelon, la Guadeloupe, la Martinique, la Guyane française, Haïti, le Québec constitue l'un des nombreux points d'ancrage de la langue française en Amérique. Si le Québec sert souvent de modèle en termes de promotion de la langue française et de statut des langues officielles, il est également un réservoir riche en québécismes, ou expressions du français du Québec. On notera par exemple : sa blonde (sa petite amie), un cégep (collège d'enseignement général et professionnel), un dépanneur (une épicerie), une petite job (un petit boulot). Certains québécismes ont par ailleurs été adoptés comme néologismes officiels dans d'autres régions francophones : un courriel (un mél) ; un pourriel (un spam) ; clavarder (discuter en ligne) ; faire des nanouneries (faire des bêtises).

Je suis stagiaire.

14

Objectifs :

Expliquer sa recherche d'emploi
Décrire ses responsabilités
Donner des conseils

I. Conversation

Vincent : J'ai entendu dire que tu as commencé un stage.

Lucie : Oui, je suis stagiaire depuis une semaine.

V : Comment as-tu fait pour trouver cet emploi ?

L : J'ai répondu à des offres d'emploi, j'ai passé des entretiens et finalement, j'ai décroché mon premier stage.

V : Félicitations ! Qu'est-ce que tu fais exactement ?

L : Je travaille dans une boîte de comm'. Je suis chargée de faire des sondages auprès des clients. Je dois aussi rédiger des études de marché.

V : Ça a l'air intéressant. Moi, je n'arrive pas à trouver de stage. Est-ce que tu as des conseils ?

L : Tu devrais commencer par rédiger ton C.V. Il faut aussi cibler les entreprises qui te plaisent. Mais je te conseille surtout de faire du bouche à oreille. C'est ce qui marche le mieux !

II. Vocabulaire

2.1. Lexique français-anglais

le stage	internship
le/la stagiaire	intern
l'emploi	job
la candidature spontanée	speculative application
l'offre d'emploi	job offer
l'entretien	interview
envoyer	to send
décrocher	to get
la boîte = l'entreprise	company
le sondage	survey
l'étude de marché	market research
le supérieur ≠ le subordonné	boss ≠ subordinate
la direction	board of directors
la stratégie	strategy
la publicité	advertisement
adopter	to adopt
concevoir	to design
rédiger	to write
cibler	to target

2.2 Expressions utiles

J'ai entendu dire que	I heard that
Comment as-tu fait pour	How did you do in order to
Ça ne marche pas.	It does not work.
J'ai décroché un stage.	I got an internship.
Félicitations !	Congratulations !
Je suis chargé de	I'm in charge of
= Je dois	I have to
= Je suis responsable de	I'm responsible for
En fonction de	According to
Ça a l'air intéressant.	That sounds interesting.
Je n'arrive pas à	I can't
Tu pourrais	You could
Il faut	You must
Tu devrais	You should
Faire du bouche à oreille	by word of mouth
= réseauter	= to network
C'est ce qui marche le mieux !	That works best !

III. Grammaire

Donner des conseils

Différentes structures grammaticales peuvent être utilisées pour donner des conseils en utilisant un verbe à l'infinitif.

Tu devrais Tu pourrais Il faut Il faudrait Je te conseille de	+ Infinitif

Exemples :

Pour trouver une idée de cadeau, tu devrais faire les boutiques.	In order to get some idea about a gift, you should go window-shopping.
Je te conseille de te reposer avant le match.	You should take some rest before the game.

IV. Exercices

4.A. Relevez les conseils dans la conversation ci-dessus.

4.B. Complétez les phrases ci-dessous avec les verbes suivants : manger ; s'informer ; appeler ; descendre ; apprendre.

1. Avant l'entretien, tu devrais _______ sur l'entreprise.

2. Pour être en bonne santé, je te conseille de ______ de manière équilibrée.

3. Si tu veux partir à l'étranger, il faut ______ une langue étrangère.

4. Tu pourrais _______les poubelles pendant que je fais la vaisselle.

5. Il faudrait ______ tes parents pour les rassurer.

Culture

La Corée vue à travers la littérature francophone

Pays lointain et exotique aux yeux des Européens, la Corée a inspiré de nombeux auteurs francophones. Entre la fin du XIXe siècle et le début du XXe siècle, une première vague d'auteurs (Pierre Loti, Paul Claudel, Victor Segalen, etc.) est fascinée par le "pays du matin calme". On peut retrouver leurs écrits compilés dans l'ouvrage *La Corée, le voyage vers l'Est*. Dans la deuxième moitié du XXe siècle, l'écrivain-voyageur suisse Nicolas Bouvier relate son périple à travers la péninsule puis sur l'île de Jeju dans *Les chemins du mont Hallasan*. Récemment, Jean-Marie Le Clézio, qui a obtenu le prix nobel de littérature, a rédigé un roman dans une Corée plus contemporaine (*Bitna, sous le ciel de Séoul*). La maison d'édition *L'atelier des Cahiers* propose les dernières publications franco-coréennes.

15

Je voudrais un billet, s'il vous plaît.

Objectifs :

Réserver des billets

Exprimer une préférence

Modifier une réservation

I. Conversation

Voyageur : Bonjour, je voudrais un billet pour Marseille,
s'il vous plaît.

Employée : Oui, vous voyagerez à quelle date ?

V : Je partirai le 15 juillet. J'aimerais partir le matin, si possible.

E : Alors, le jeudi 15, le train le plus tôt partira de Paris à 6h.

V : Oui, ça m'ira.

E : Vous souhaitez voyager en première ou en seconde classe ?

V : En seconde.

C : Pour ma chambre d'hôtel, je voudrais un lit plus grand,
si c'est possible.

R : Les tarifs à ces dates ne sont pas les mêmes. Cela vous fera
un supplément de 80 euros. Vous avez une carte de fidélité ?

V : Non. Je vais régler en liquide, si ça ne vous dérange pas.

E : Pas de souci ! Et voici votre billet. Bon voyage!

V : Merci, au revoir !

II. Vocabulaire

2.1 Lexique français-anglais

le billet	ticket
voyager	to travel
partir	to leave
le train	train
la première classe	first class
la seconde classe	second class
une carte de fidélité	membership card
un lit	bed
avancer	to bring forward
repousser = remettre	to postpone

2.2 Expressions utiles

Si possible	if possible
Toutes les 40 minutes	every 40 minutes
Est-ce que cela vous convient ?	Is it fine with you ?
Oui, ça m'ira.	Yes, that'll be fine.
Cela vous fera un total de...	It will be... altogether.
Je vais régler en liquide.	I will pay cash.
Si cela ne vous dérange pas.	If you don't mind.
Pas de souci !	No worries !
Bon voyage !	Have a safe trip !
Quels sont tes projets pour tes vacances ?	What are your plans for the holiday ?
Je vais voyager en Europe.	I will travel in Europe.
J'ai prévu de visiter l'Italie.	I planned to visit Italy.
Je vous appelle pour...	I am calling you to...
C'est à quel nom ?	What is the name ?
Quel est votre numéro de réservation, s'il vous plaît ?	What is your reservation numer, please ?
Je voudrais une chambre, s'il vous plaît.	I would like to have a bedroom, please.
Avez-vous une chambre de disponible ?	Do you have any available room ?
Est-ce que vous avez de la place pour ce soir ?	Do you have any room at all for tonight ?
Cela vous fera un supplément de...	We will charge you an extra...
C'est noté.	Got it !
Je vous souhaite une agréable journée.	Have a good day.

III. Grammaire

Le futur simple

Le futur simple permet d'évoquer des projets au-delà du futur proche ; c'est-à-dire, non plus à très court terme, mais à court, moyen et long termes. Il se forme à partir de l'infinitif auquel on ajoute les terminaisons : -ai ; -as ; -a ; -ons ; -ez ; -ont.

VOYAGER (to travel)	PARTIR (to leave)
Je voyagerai	Je partirai
Tu voyageras	Tu partiras
Il / Elle voyagera	Il / Elle partira
Nous voyagerons	Nous partirons
Vous voyagerez	Vous partirez
Ils / Elles voyageront	Ils / Elles partiront

IV. Exercices

4.A. Relevez les verbes au futur simple dans la conversation ci-dessus.

4.B. Complétez les phrases ci-dessous avec les verbes suivants conjugués au futur simple : acheter ; chercher ; écrire ; avoir ; voyager ; habiter.

1. Quand tu _____ 25 ans, tu ______ à l'étranger.

2. Pendant les vacances de Noël, elle ____ au Vietnam.

3. L'année prochaine, ils _____ leur thèse.

4. Après vos études, vous ______ un emploi.

5. Dans cinq ans, nous ______ une maison.

Culture

Musées et Réconciliations

De nombreux musées se sont enrichis d'œuvres pillées lors de la colonisation. Pour transformer un passé fait de souffrances et d'incompréhensions en dialogue fondé sur l'ouverture et l'égalité, la France s'est engagée sur la voie des restitutions du patrimoine culturel. Ainsi, en marge du sommet du G-20 des manuscrits ont été remis à la Corée sous forme de prêt renouvelable tous les cinq ans. L'Agence Française de Développement (AFD) finance actuellement le musée de l'épopée des Amazones et des rois du Dahomey au Bénin. Le Sénégal, avec la collaboration de la Chine, a également ouvert le musée des civilisations noires à Dakar tandis que l'agence de développement coréenne (KOICA) a inauguré le Musée national de la République Démocratique du Congo à Kinshasa pour accueillir les trésors de l'Africa Museum en Belgique.

supplément

INDEX

Les images / photos

Les chansons françaises

Lexique (français - anglais)

Le Mont Saint-Michel, en Normandie.

Les maisons traditionnelles de Strasbourg, en Alsace.

L'Arc de triomphe sur la place de l'Étoile, à Paris.

Le pont des arts, à Paris.

Les falaises d'Étretat, en Normandie.

La tour Eiffel vue des jardins du Trocadéro, à Paris.

Le Mont Blanc (4808 mètres), vu de Megève, dans les Alpes.

Les vignobles de Saint-Émilion, dans le Bordelais.

La cathédrale de Notre-Dame de Paris, France.

Le long de la Saône, à Lyon.

Le vieux port de Marseille.

Le Château de Chenonceau, en Centre-Val de Loire.

Le centre historique de Lille.

Les arènes de Nîmes.

Villefranche-sur-mer sur la Côte d’Azur.

Le Capitole, à Toulouse.

L'envie d'aimer

Les Dix Commandements

C'est tellement simple
L'amour
Tellement possible
L'amour
À qui l'entend
Regarde autour
À qui le veut
vraiment

C'est tellement rien
D'y croire
Mais tellement tout
Pourtant
Qu'il vaut la peine
De le vouloir
De le chercher
Tout le temps

Ce sera nous, dès demain
Ce sera nous, le chemin
Pour que l'amour
Qu'on saura se donner
Nous donne l'envie d'aimer

C'est tellement court
Une vie
Tellement fragile
Aussi
Que de courir
Après le temps
Ne laisse plus rien
À vivre

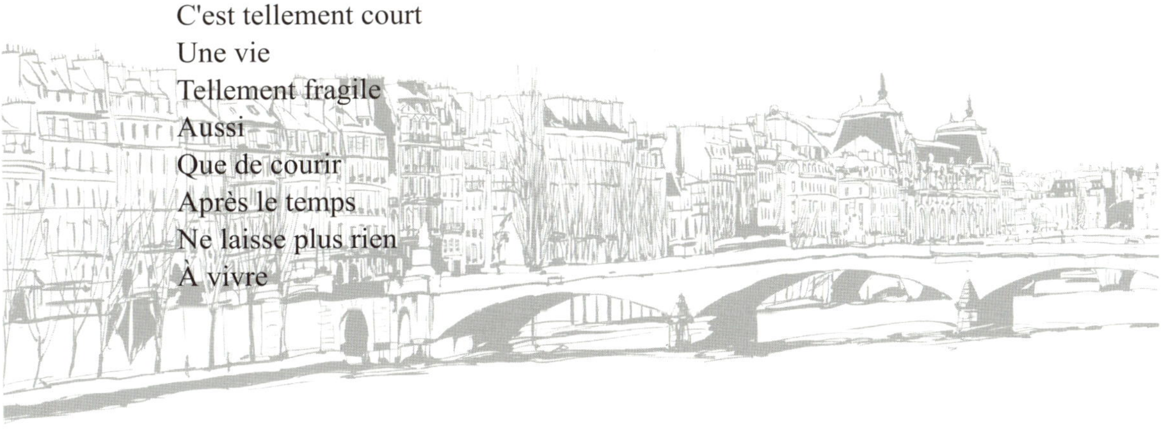

Ce sera nous, dès demain
Ce sera nous, le chemin
Pour que l'amour
Qu'on saura se donner
Nous donne l'envie d'aimer

Ce sera nous, dès ce soir
À nous de le vouloir
Faire que l'amour
Qu'on aura partagé
Nous donne l'envie d'aimer

C'est tellement fort
C'est tellement tout

L'amour

Puisqu'on attend
De vies en vie
Depuis la nuit
Des temps

Ce sera nous,
Ce sera nous,
Ce sera nous,
Pour que l'amour
Qu'on saura se donner
Nous donne l'envie d'aimer

Ce sera nous, dès ce soir
À nous de le vouloir
Faire que l'amour
Qu'on aura partagé
Nous donne l'envie d'aimer...

Aimer

Romeo et Juliette

Aimer, c'est ce qu'il y a d'plus beau
Aimer, c'est monter si haut
Et toucher les ailes des oiseaux
Aimer, c'est ce qu'il y a plus beau

Aimer, c'est voler le temps
Aimer, c'est rester vivant
Et brûler au cœur d'un volcan
Aimer, c'est ce qu'il y a de plus grand

Aimer, c'est plus fort que tout
Donner, le meilleur de nous
Aimer et sentir son cœur
Aimer pour avoir moins peur

Aimer, c'est ce qu'il y a d'plus beau
Aimer, c'est monter si haut
Et toucher les ailes des oiseaux
Aimer, c'est ce qu'il y a d'plus beau

Aimer, c'est voler le temps
Aimer, c'est rester vivant
Et brûler au cœur d'un volcan
Aimer, c'est ce qu'il y a de plus grand

Aimer, c'est brûler ses nuits
Aimer, c'est payer le prix
Et donner un sens à sa vie
Aimer, c'est brûler ses nuits

Aimer, c'est ce qu'il y a d'plus beau
Aimer, c'est monter si haut
Et toucher les ailes des oiseaux
Aimer, c'est ce qu'il y a d'plus beau
Aimer...

Le temps des cathédrales

Notre-Dame de Paris

C'est une histoire qui a pour lieu
Paris la belle en l'an de Dieu
Mil quatre cent quatre vingt deux
Histoire d'amour et de désir

Nous les artistes anonymes
De la sculpture ou de la rime
Tenterons de vous la transcrire
Pour les siècles à venir

Il est venu le temps des cathédrales
Le monde est entré
Dans un nouveau millénaire
L'homme a voulu monter vers les étoiles
Écrire son histoire
Dans le verre ou dans la pierre

Pierre après pierre, jour après jour
De siècle en siècle avec amour
Il a vu s'élever les tours
Qu'il avait bâties de ses mains

Les poètes et les troubadours
Ont chanté des chansons d'amour
Qui promettaient au genre humain
De meilleurs lendemains

Il est foutu le temps des cathédrales
La foule des barbares
Est aux portes de la ville
Laissez entrer ces païens, ces vandales
La fin de ce monde
Est prévue pour l'an deux mille
Est prévue pour l'an deux mille

La maladie d'amour

Michel Sardou

Elle court, elle court,
la maladie d'amour,
dans le cœur des enfants
de sept à soixante-dix-sept ans.
Elle chante, elle chante,
la rivière insolente
qui unit dans son lit
les cheveux blonds, les cheveux gris.

Elle fait chanter les hommes et s'agrandir le monde.
Elle fait parfois souffrir tout le long d'une vie.
Elle fait pleurer les femmes, elle fait crier dans l'ombre
mais le plus douloureux, c'est quand on en guérit.

Elle court, elle court,
la maladie d'amour,
dans le cœur des enfants
de sept à soixante-dix-sept ans.
Elle chante, elle chante,
la rivière insolente
qui unit dans son lit
les cheveux blonds, les cheveux gris.

Elle surprend l'écolière sur le banc d'une classe
Par le charme innocent d'un professeur d'anglais.
Elle foudroie dans la rue cet inconnu qui passe
et qui n'oubliera plus ce parfum qui volait.

Elle court, elle court,
la maladie d'amour,
dans le cœur des enfants
de sept à soixante-dix-sept ans.

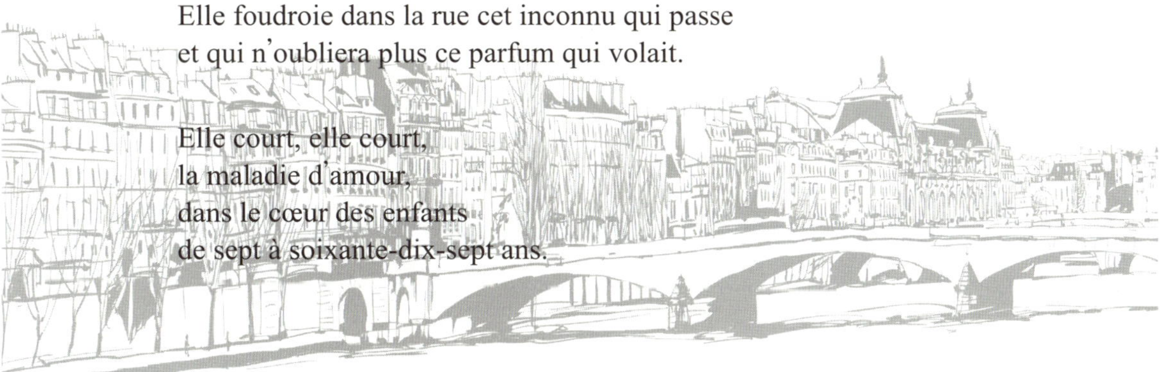

Elle chante, elle chante,
la rivière insolente
qui unit dans son lit
les cheveux blonds, les cheveux gris.

Elle court, elle court,
la maladie d'amour,
dans le cœur des enfants
de sept à soixante-dix-sept ans.
Elle chante, elle chante,
la rivière insolente
qui unit dans son lit
les cheveux blonds, les cheveux gris.

Elle fait chanter les hommes et s'agrandir le monde.
Elle fait parfois souffrir tout le long d'une vie.

Aux Champs-Élysées

Joe Dassin

Je me baladais sur l'avenue
Le cœur ouvert à l'inconnu
J'avais envie de dire bonjour
À n'importe qui
N'importe qui ce fut toi
Je t'ai dit n'importe quoi
Il suffisait de te parler
Pour t'apprivoiser

Aux Champs-Élysées
Aux Champs Élysées
Au soleil, sous la pluie
À midi ou à minuit
Il y a tout ce que vous voulez
Aux Champs-Élysées

Tu m'as dit : « J'ai rendez-vous
Dans un sous-sol avec des fous
Qui vivent la guitare à la main
Du soir au matin. »
Alors je t'ai accompagnée
On a chanté, on a dansé
Et l'on n'a même pas pensé
À s'embrasser

Aux Champs-Élysées
Aux Champs-Élysées
Au soleil, sous la pluie
À midi ou à minuit
Il y a tout ce que vous voulez
Aux Champs-Élysées

Hier soir deux inconnus
Et ce matin sur l'avenue

Deux amoureux tout étourdis
Par la longue nuit
Et de l'Étoile à la Concorde
Un orchestre à mille cordes

Tous les oiseaux du point du jour
Chantent l'amour

Aux Champs-Élysées
Aux Champs-Élysées
Au soleil, sous la pluie
À midi ou à minuit
Il y a tout ce que vous voulez
Aux Champs-Élysées

<Lexique (français-anglais)>

accueillir	to welcome
adopter	to adopt
aimable	kind
ample ≠ serré	loose ≠ tight
août	August
artiste	artist
Au revoir	Goodbye
avancer	to bring sth forward
avril	April
beau	handsome
bien entendu = bien sûr	of course
blanc	white
bleu, saignant, à point, bien cuit	very rare, rare, medium rare, well done
bleu	blue
Bonjour	Hello
bouclé	curly
brun	brown
chaleureusement	warmly
chercher	to look for
chercher	to look for
cibler	to target
composer	to dial
concevoir	to design
coton	cotton
D'accord	All right
décembre	December
décontracté ≠ habillé	casual ≠ formal
décrocher le téléphone	to pick up the phone
décrocher	to get
des lunettes de soleil	sunglasses
dès que possible	as soon as possible
descendre	to get off

déteindre	to fade
dimanche	Sunday
en général = D'habitude	usually
ensuite = puis	then
entrer	to go in
envoyer	to send
essayer	to try on
éternuer	to sneeze
être né	to be born
étudier	to study
évidemment	of course
exagérer	to exaggerate
extraverti	extrovert
faire de la randonnée	to hike
faire du ski	to ski
faire du sport	to play sport
faire du vélo	to go cycling
faire le ménage	to clean the house
faire	to do, to make
février	February
génial	great
grand	tall
habiter	to live
Hier, aujourd'hui, demain	yesterday, today, tomorrow
jaloux	jealous
janvier	January
jaune	yellow
jeudi	Thursday
jouer du piano	to play the piano
juillet	July
juin	June
l'acteur / l'actrice	actor / actress
l'après-midi	afternoon
l'aspirine	aspirin
l'auto-entrepreneur	self-employed person

l'automne	fall
l'avion	plane
l'avocat(e)	lawyer
l'emploi	job
l'employé(e)	employee
l'enfant unique	lonely child
l'enfant	child
l'enquête	survey
l'entretien	interview
l'été	summer
l'étude de marché	market research
l'étudiant(e)	student
l'étudiant	student
l'hiver	winter
l'informaticien(ne)	IT engineer
l'ingénieur	engineer
l'oncle / la tante	uncle / aunt
la boîte = l'entreprise	company
la boutique = le magasin	shop
la candidature spontanée	speculative application
l'offre d'emploi	job offer
la direction	board of directors
la fièvre	fever
la gorge	throat
la journée	day
la mère = la maman	mother
la pastille	throat sweet
la pharmacie	pharmacy
la première classe	first class
la publicité	advertisement
la résidence universitaire	dormitory
la seconde classe	second class
la sœur	sister
la stratégie	strategy
la tête	head

la toux	cough
laisser un message	to leave a message
le billet	ticket
le bord de mer	seashore
le boulanger / la boulangère	baker
le chanteur / la chanteuse	singer
le chef cuisinier	chef
le cheveu	hair
le conservatoire	music academy
le correspondant	correspondent
le cousin / la cousine	cousin
le département	department
le dos	back
le fils / la fille	son / daughter
le frère	brother
le frère / la sœur	brother / sister
le grand-père / la grand-mère	grandfather / grandmother
le journal	newspaper
le mari / la femme	husband / wife
le matin	morning
le neveu / la nièce	nephew / niece
le parrain / la marraine	godfather / godmother
le père = le papa	father
le petit-fils / la petite-fille	grandson / granddaugther
le pharmacien(ne)	pharmacist
le pharmacien	pharmacist
le plat du jour	today's special
le printemps	spring
le quartier	district
le semestre	semester
le serveur / la serveuse	waiter / waitress
le sirop	syrup
le soir	evening
le stage	internship
le supérieur ≠ le subordonné	boss ≠ subordinate

le train	train
le vendeur / la vendeuse	sales assistant
le/la camarade de classe	classmate
le/la journaliste	journalist
le/la journaliste	journalist
le/la libraire	bookseller
le/la petit/e ami/e	boyfriend / girlfriend
le/la stagiaire	intern
les devoirs	homework
les jeux de balle	ball games
les loisirs	hobbies
les parents	parents
les vacances	holiday
lin	linen
lundi	Monday
madame ≠ monsieur	madam ≠ sir
mai	May
marcher	to walk
mardi	Tuesday
mars	March
mercredi	Wednesday
mettre en ligne	to put through
midi ≠ minuit	noon ≠ midnight
mon/ma meilleur/e ami/e	my best friend
noir	black
novembre	November
octobre	October
œil, yeux	eye
ouvrir	to open
paresseux	lazy
partir	to leave
peindre	to paint
plus tard	later
prendre des cours	to take classes
prendre	to takc

présenter	to introduce
prêt	ready
profiter de	to enjoy
quitter = raccrocher	to hang up the phone
rappeler	to call back
rater	to miss
ravi = heureux	happy = glad
rédiger	to write
régler = payer	to pay
rencontrer	to meet
rencontrer	to meet
repousser = remettre	to postpone
reprendre les cours	to resume classes
rouge	red
s'égarer	to get lost
samedi	Saturday
se baigner	to swim
se faire renvoyer	to get fired
se lever	to wake up
se mettre à	to start doing
se promener	to take a walk
se rendre à = aller	to go to
se rendre	to go
se reposer	to take a rest
se reposer	to take a rest
se ressourcer	to recharge your batteries
se situer = se trouver	to be = to be located
septembre	September
sortir	to go out
sportif	sporty
supplémentaire	extra
timide	shy
tourner	to turn
tousser	to cough
tout de suite	right now

transmettre un message	to give a message
traverser	to cross
un blouson	jacket
un centre commercial	shopping mall
un choix	a choice
un dessert	a dessert
un emploi	job
un haut	top
un indicatif	a country code
un jean	jeans
un kiosque	a booth
un lit	a bed
un lit	bed
un marché	market
un médecin	doctor
un melon	melon
un musée	a museum
un passant	a passer-by
un patient	patient
un plat principal	main course
un plat	a dish
un rhume	cold
un sac à main	handbag
un supermarché	supermarket
un supplément	an extra charge
un vendeur / euse	sales assistant
un vêtement	clothes
un/e client/e	customer
une boisson	a drink
une cabine d'essayage	a dressing room
une carotte	carrot
une carte de réduction	discount card
une ceinture	a belt
une commande	an order
une coupe	a design

une cuisson	a cooking
une entrée	starter = first course
une formule = un menu	menu
une grande	surface
une impression	impression
une jupe	skirt
une pêche	peach
une pomme	apple
une robe	dress
une tarte	a pie
une tomate	tomato
vendredi	Friday
venir de	to come from
vert	green
voyager	to travel

CORRIGÉS

③ Voici une chambre.

LAMPE

④ Exercices

a. Qui est-ce ?
- C'est Paul.

b. Qu'est-ce que c'est ?
- C'est un livre.

c. Qu'est-ce que c'est ?
- Ce sont des tables.

⑤ Révisions

a. 여기에 하나의 방이 있습니다.
=> Voici une chambre.

b. 이것은 의자예요?
=> C'est une chaise ?
아니오, 그것은 의자가 아니예요. 책상이에요.
=> Non, ce n'est pas une chaise. C'est une table.

LEÇON 1

4.A. Relevez les verbes ÊTRE et AVOIR dans les conversations ci-dessous.

Lucas Deniau: Bonjour, je m'appelle Lucas Deniau.

Claude Boissonnat: Bonjour, moi c'est Claude Boissonnat et voici ma collègue, madame Renaud.

LD: Je suis ravi de faire votre connaissance.

CB: Moi de même. Nous sommes heureux de vous rencontrer ce matin, monsieur Deniau.

LD: Saluez madame Perrat de ma part.

CB: D'accord. Pardon, j'ai beaucoup de travail, mais restons en contact !

LD: Bien entendu. Nous aussi, nous avons un rendez-vous.

CB: Au revoir et bonne journée !

LD: À vous aussi, au revoir !

4.B. Remplissez les blancs en conjuguant les verbes ÊTRE et AVOIR au présent de l'indicatif.

1. 1. Mon grand frère a 21 ans et moi j'ai 15 ans.
2. Vous êtes fatigués car vous avez beaucoup de travail.
3. C'est un chanteur qui est très célèbre.
4. Ils ont de la chance: ils sont en bonne santé.

5. Aujourd'hui, on est mardi.

LEÇON 2

4.A. Relevez les pronoms interrogatifs dans la conversation ci-dessous.

Vincent: Quel âge as-tu ?

Lucie: J'ai 21 ans. Et toi, tu es né en quelle année ?

V: Je suis né en 1995.

L: Alors, tu as 27 ans.

V: Oui, j'ai 6 ans de plus que toi.

L: Quel jour sommes-nous aujourd'hui ?

V: Nous sommes lundi.

L: Lundi ! Mais on est le combien ?

V: On est le 7. Lundi 7 avril.

L: Demain, c'est le 8. On a contrôle d'histoire le mardi 8 avril.

V: Quel est ton numéro de téléphone ?

L: C'est le 06 20 22 31 63. Et toi, tu as un portable ?

V: Oui, c'est le 06 45 39 17 88.

L: Quelle heure est-il ?

V: Ah! Il est quelle heure ? Il est une heure de l'après-midi.

L: 13 heures, déjà ! Je dois y aller.

4.B. Remplissez les blancs avec les pronoms interrogatifs suivants : quel, quelle, quels, quelles.

1. Quelle est la date de l'examen ?
2. Quels étudiants connais-tu ?
3. Quel est ton numéro de portable ?
4. À quelles activités es-tu inscrit ?
5. De quelle heure à quelle heure étudies-tu ?

LEÇON 3

4.A. Relevez les verbes du premier groupe dans la conversation ci-dessous.

Thien: Salut! Je m'appelle Thien. Je suis ta nouvelle camarade de classe. Et toi tu t'appelles comment ?

Jiwoo: Salut Thien. Je m'appelle Jiwoo Park.

T: Comment ça s'écrit Park ?

J: Park, P-A-R-K. Je viens de Corée du Sud. Je suis ici pour étudier le journalisme pendant un semestre.

T: Alors, bienvenue dans notre département Jiwoo Park !

J: Merci. Et toi Thien, tu es française ?

T: Oui, je suis d'origine vietnamienne mais je suis née en France. Et toi, tu viens d'où en Corée du Sud ?

J: Je viens de Séoul, c'est la capitale.

T: Ah d'accord ! Et en ce moment, tu habites où ?

J: J'habite à la résidence universitaire. Et toi, tu habites où ?

T: J'habite dans le quartier avec des amis.

4.B. Remplissez les blancs en conjuguant au présent de l'indicatif les verbes étudier ; travailler ; habiter ; manger ; cuisiner.

1. Après les cours, nous étudions à la bibliothèque.
2. À midi, je mange à la cantine.
3. Tu n'étudies plus, tu travailles dans une entreprise.
4. Vous habitez à la campagne et elles habitent en ville.
5. Nous cuisinons un plat de notre pays, le couscous.

LEÇON 4

4.A. Relevez les formes négatives dans la conversation ci-dessous.

Thien: Au fait, tu n'as pas de frères et sœurs ?

Jiwoo: Si, j'ai deux frères et une sœur.

T: Tu en as de la chance ! Tu es l'aîné ?

J: Non, je ne suis pas l'aîné: j'ai une grande sœur.

T: Donc, tu es le cadet. Moi, je suis enfant unique.

J: Tu n'as pas de frères et sœurs ! Quel dommage !

T: Et tes parents, qu'est-ce qu'ils font dans la vie ?

J: Ma mère est fonctionnaire et mon père travaille comme ingénieur. Et tes parents, ils travaillent dans quoi ?

T: Mon père travaille dans l'informatique et ma mère est auto-entrepreneuse.

J: Plus tard, j'aimerais devenir journaliste. Quels sont tes projets d'avenir ?

T: En fait, je n'ai pas encore décidé.

4.B. Remplissez les blancs en utilisant les formes négatives suivantes : "ne... pas" ; "ne... plus", "ne... rien", ; "ne... jamais", "ne... personne".

1. Les participants ne sont pas là : je ne vois personne dans la salle.
2. Il fait noir, nous ne voyons rien !
3. C'est très dangereux. Ne fais jamais ça !
4. Elle a arrêté de venir à l'université et elle n'étudie plus.
5. Non merci, je ne bois pas d'alcool.

LEÇON 5

4.A. Relevez les comparaisons dans la conversation ci-dessous.

Lucie: Tu sais, j'ai un petit ami.

Vincent: Je suis content pour toi. Il est comment ?

L: Il est moins grand que toi. Et il a les cheveux bruns, un peu bouclés.

V: Est-ce qu'il est beau ?

L: Évidemment, il est beau comme un astre.

V: Et ses yeux sont de quelle couleur ?

L: Il a les yeux bleus. Et toi, parle-moi de ta petite amie.

V: Elle est plus timide que moi.

L: Et quels vêtements porte-t-elle en général ?

V: D'habitude, elle porte une jupe et un sac à main.

L: De quelle couleur est son sac ?

V: Il est rouge.

L: Moi, mon petit ami porte un blouson en cuir marron, un jean bleu et des lunettes de soleil.

4.B. Lisez les phrases et faites des comparaisons avec "plus... que" ; "moins... que", "aussi... que".

1. René est plus intelligent que Richard.
2. Richard est plus petit que René.
3. René est plus âgé que Richard.
4. Richard est aussi riche que René.
5. René est plus timide que Richard.

LEÇON 6

4.A. Relevez les verbes du deuxième groupe dans la conversation ci-dessous.

Lucie: Quel temps fait-il aujourd'hui ?

Vincent: Aujourd'hui, il fait froid. C'est l'hiver.

L: En hiver, quand le temps se refroidit, j'aime bien faire du ski.

V: Ah bon ? Moi, quand les cours finissent, je préfère rester à la maison au chaud.

L: Si tu choisis une saison, laquelle est ta saison préférée ?

V: Je choisis le printemps. Tout est vert, c'est super !

L: Qu'est-ce que tu aimes faire ?

V: Quand il fait beau, j'adore faire du vélo. La randonnée aussi, ça me plaît. Et toi, tu es sportive ?

L: Non, pas du tout ! Le sport, j'ai horreur de ça.

V: Alors, quels sont tes loisirs ?

L: Je joue du piano. Parfois je peins aussi. Et le week-end, je me repose!

4.B. Remplissez les blancs en conjuguant au présent de l'indicatif les verbes : finir ; grandir ; salir ; obéir ; remplir.

1. Le chien obéit à son maître.
2. Attention, tu salis ton pantalon avec la confiture.
3. Les enfants grandissent à vue d'œil.
4. Nous remplissons la bouteille de jus d'orange.
5. Aujourd'hui, les cours finissent à 17 heures.

LEÇON 7

4.A. Relevez les conditionnels dans la conversation ci-dessous.

Vendeuse: Bonjour monsieur.

Client: Bonjour madame. Je voudrais un kilo de tomates, s'il vous plaît.

V: Bien sûr. Et avec ceci ?

C: Deux kilos de carottes.

V: Deux kilos. Il vous faudra autre chose ?

C: Oui, il me faudrait une dizaine de pêches et un kilo de pommes.

V: Des pêches jaunes ou blanches ?

C: Blanches. Auriez-vous des melons ?

V: Oui, en voilà un. Ce sera tout ?

C: Oui.

V: Alors, ça vous fera onze euros cinquante en tout. Vous souhaitez régler par carte ?

C: Non, en espèces, s'il vous plaît.

V: Merci, bonne journée! Au revoir!

C: À vous aussi, au revoir!

4.B. Retrouvez les infinitifs des verbes au conditionnel dans les phrases ci-dessous.

1. Auriez-vous des citrons verts, par hasard ? AVOIR.
2. Pourriez-vous me donner un sac supplémentaire, s'il vous plaît ? POUVOIR.
3. Voudriez-vous goûter ces cerises ? VOULOIR.
4. Nous aimerions acheter des fruits de saison, si possible. AIMER.
5. Vous souhaiteriez régler par carte ou en espèces ? SOUHAITER.

LEÇON 8

4.1 Relevez les verbes du troisième groupe dans la conversation ci-dessous.

Cliente: Bonjour, vous ouvrez à quelle heure ?

Vendeuse: Bonjour, c'est ouvert. Entrez. Je peux vous aider ?

Cliente: Oui, je cherche un pantalon.

V: Suivez-moi ! Les pantalons sont ici. Vous cherchez une coupe ou une couleur en particulier ?

C: C'est pour sortir le soir, alors plutôt dans un style décontracté.

V: J'ai ce modèle en coton et lin. Voulez-vous l'essayer ?

C: Oui.

V: Quelle est votre taille ?

C: Je fais du 36.

V: Alors ?

C: J'aimerais le prendre en rouge. Il est à combien ?

V: Il est à 49 euros, s'il vous plaît.

C: Vous souhaitez "faire une carte" ?

V: Bien sûr.

4.2 Complétez les phrases ci-dessous à l'aide des verbes suivants : peindre, prendre, mettre, boire, faire.

1. Qu'est-ce que tu fais le week-end ?
2. Pour sortir ce soir, vous mettez votre veste ?
3. Nous peignons tous les mercredis à l'atelier.
4. Ils ne sont pas pressés : ils prennent leur temps.
5. Au petit déjeuner, elle boit toujours un jus de fruit.

LEÇON 9

4.1 Relevez les verbes au passé composé dans la conversation ci-dessous.

Pharmacien: Bonjour monsieur. Qu'est-ce qu'il vous faut ?

Client: Bonjour, j'aimerais quelque chose pour mon rhume. J'ai pris froid cette nuit et je suis tombé malade.

P: Où avez-vous mal ?

C: J'ai mal à la gorge car j'ai beaucoup toussé hier.

P: Et vous avez de la fièvre ?

C: Non, mais j'ai mal à la tête.

P: Je vais vous donner du sirop pour la toux, des pastilles pour la gorge et de l'aspirine. Si vous ne vous sentez pas mieux dans les prochains jours, vous devriez aller voir votre médecin.

4.2 Complétez les phrases ci-dessous au passé composé à l'aide des verbes suivants : voir ; chanter ; tomber ; comprendre ; aller.

1. Hier, je suis allé(e) au cinéma.
2. Tu as vu la série à la télé ou sur Netflix ?
3. Ils posent une question car ils n'ont pas compris.
4. Suite à la baisse des températures, beaucoup d'étudiants sont tombés malades.
5. Vous avez mal à la gorge car vous avez trop chanté au karaoké.

LEÇON 10

4.A. Relevez les verbes au futur proche dans la conversation ci-dessous.

Serveur: Bonjour. Voici le menu.
Client: Merci.
S: En plat du jour, nous avons une souris d'agneau accompagnée de pommes de terre grenailles.
C: Je vais prendre la formule à 20 euros.
S: Et comme boisson ?
C: Je vais boire un Perrier Citron.
S: Oui. Et en entrée ?
C: En entrée, je vais goûter la salade de chèvre chaud.
S: Très bien. Et en plat principal ?
C: L'entrecôte frites, s'il vous plaît. Et en dessert, je vais prendre la tarte tatin.
S: C'est noté. Je vous amène votre boisson tout de suite.
C: Merci.
S: Je vous en prie.

4.B. Complétez les phrases au futur proche à l'aide des verbes suivants : faire ; prendre ; participer ; pique-niquer ; arriver.

1. Demain, nous allons pique-niquer au parc.
2. Qu'est-ce que vous allez faire après le cours ?
3. Le livreur va arriver d'un instant à l'autre.
4. Ce soir, elles vont participer à un concert.
5. Finalement, tu vas prendre le bus pour rentrer chez toi ?

LEÇON 11

4.A. Relevez les impératifs dans la conversation ci-dessous.

Monsieur Lee: Allô, bonjour ! Je souhaiterais parler à monsieur Léthain, s'il vous plaît.
Réceptionniste: Bonjour, qui est à l'appareil, s'il vous plaît ?
L: C'est monsieur Lee, de la société Express.
R: Oui, attendez un instant je vous prie. Je vous mets en ligne tout de suite. Ne quittez pas.
(Attente)
R: Oui, monsieur Lee. Je suis désolée, son poste est occupé. Voulez-vous lui laisser un message ?
L: Oui, s'il vous plaît. Dites-lui que monsieur Lee, de la société Express, a appelé au sujet de sa dernière commande. Les produits sont prêts.
R: Oui, c'est noté. Je vais lui transmettre votre message.
L: Merci bien.
R: Quel est votre numéro, s'il vous plaît ?

L: C'est le 010-2456-8213.

R: D'accord.

L: J'attends son appel. Au revoir.

R: Au revoir.

4.B. Complétez les phrases suivantes à l'impératif à l'aide des verbes suivants : apporter ; se dépêcher ; oublier ; réserver ; patienter ;

1. Monsieur Richard est en réunion. Patientez un instant, s'il vous plaît.
2. Tu es en retard. Dépêche-toi !
3. Nous allons rester deux jours de plus. Réservons vite nos billets !
4. N'oubliez pas de composer l'indicatif de la France +33 !
5. Apportez une pièce d'identité à l'examen !

LEÇON 12

4.A. Relevez les expressions pour se situer dans l'espace dans la conversation ci-dessous.

Une touriste: Excusez-moi, monsieur. Je cherche le musée d'art moderne, s'il vous plaît ?

Un passant: Oh là là ! C'est loin d'ici ! Alors, vous prenez le boulevard de la République. Vous marchez tout droit jusqu'à la pharmacie. Elle est à environ 500 mètres d'ici. De là, vous tournez à droite et le musée d'art moderne est juste là. Vous ne pouvez pas le rater.

T: C'est possible de s'y rendre en métro également ?

P: Bien entendu ! C'est direct. Tenez, la bouche de métro la plus proche est là, vous la voyez ?

T: Ah oui ! Derrière le kiosque à journaux.

P: C'est à seulement trois stations d'ici.

T: Je vous remercie, monsieur. Vous êtes bien aimable.

P: Mais il n'y a pas de quoi.

4.B. Remplissez les blancs avec les expressions suivantes : à gauche ; entre ; derrière ; à côté de la ; en bas.

1. On ne voit pas la poste d'ici. Elle est derrière la mairie.
2. Pour aller à la gare, il ne faut pas tourner à droite, il faut tourner à gauche.
3. Le kiosque à journaux est entre l'épicerie et le bureau de tabac.
4. Le centre commercial est sur deux étages : en haut, il y a les restaurants, et en bas, les magasins.
5. La charcuterie est juste à côté de la banque.

LEÇON 13

4.A. Relevez les verbes pronominaux dans la conversation ci-dessous.

Vincent: Alors, tes vacances se sont bien passées ?

Lucie: Oui, c'était génial ! Je me suis bien reposée.

V: Tu es allée où ?

L: D'abord, j'ai pris l'avion direction Porto, au Portugal. Puis, je me suis rendue à Lisbonne. Et finalement, j'ai passé 10 jours dans l'Algarve, au bord de la mer.

V: Et qu'est-ce que tu as fait ?

L: Je me suis baignée et je me suis promenée tous les jours.

V: Tu n'as pas rencontré Alvaro ?

L: Non, tu sais nous ne nous sommes plus parlé depuis bien longtemps.

V: En tout cas, j'ai l'impression que tu t'es bien ressourcée.

4.B. Complétez les phrases ci-dessous avec les verbes pronominaux suivants : se reposer ; se parler ; se laver ; se tromper ; se dépêcher.

1. Dépêchez vous ! Le train va bientôt partir.
2. Hier, j'ai étudié puis je me suis reposé(e).
3. Les enfants, lavez-vous les mains avant de passer à table.
4. Il m'a appelée et nous nous sommes parlé au téléphone pendant deux heures.
5. Ils n'ont fait aucune faute : ils ne se sont pas trompés.

LEÇON 14

4.A. Relevez les conseils dans la conversation ci-dessous.

Vincent: J'ai entendu dire que tu as commencé un stage.

Lucie: Oui, je suis stagiaire depuis une semaine.

V: Comment as-tu fait pour trouver cet emploi ?

L: J'ai répondu à des offres d'emploi, j'ai passé des entretiens et finalement, j'ai décroché mon premier stage.

V: Félicitations ! Qu'est-ce que tu fais exactement ?

L: Je travaille dans une boîte de comm'. Je suis chargée de faire des sondages auprès des clients. Je dois aussi rédiger des études de marché.

V: Ça a l'air intéressant. Moi, je n'arrive pas à trouver de stage. Est-ce que tu as des conseils ?

L: Tu devrais commencer par rédiger ton C.V. Il faut aussi cibler les entreprises qui te plaisent. Mais je te conseille surtout de faire du bouche à oreille. C'est ce qui marche le mieux !

4.B. Complétez les phrases ci-dessous avec les verbes suivants : manger ; s'informer ; appeler ; descendre ; apprendre.

1. Avant l'entretien, tu devrais t'informer sur l'entreprise.
2. Pour être en bonne santé, je te conseille de manger de manière équilibrée.
3. Si tu veux partir à l'étranger, il faut apprendre une langue étrangère.
4. Tu pourrais descendre les poubelles pendant que je fais la vaisselle.
5. Il faudrait appeler tes parents pour les rassurer.

LEÇON 15

4.A. Relevez les verbes au futur simple dans la conversation ci-dessous.

Voyageur: Bonjour, je voudrais un billet pour Marseille, s'il vous plaît.

Employée: Oui, vous voyagerez à quelle date ?

V: Je partirai le 15 juillet. J'aimerais partir le matin, si possible.

E: Alors, le jeudi 15, le train le plus tôt partira de Paris à 6h.

V: Oui, ça m'ira.

E: Vous souhaitez voyager en première ou en seconde classe ?

V: En seconde.

C: Pour ma chambre de d'hôtel, je voudrais un lit plus grand, si c'est possible.

R: Les tarifs à ces dates ne sont pas les mêmes. Cela vous fera un supplément de 80 euros. Vous avez une carte de fidélité ?

V: Non. Je vais régler en liquide, si ça ne vous dérange pas.

E: Pas de souci ! Et voici votre billet. Bon voyage!

V: Merci, au revoir !

4.B. Complétez les phrases ci-dessous avec les verbes suivants conjugués au futur simple : acheter ; chercher ; écrire ; avoir ; voyager ; habiter.

1. Quand tu auras 25 ans, tu habiteras à l'étranger.
2. Pendant les vacances de Noël, elle voyagera au Vietnam.
3. L'année prochaine, ils écriront leur thèse.
4. Après vos études, vous chercherez un emploi.
5. Dans cinq ans, nous achèterons une maison.

Grammaire française

(French grammar)

1 Les articles

	L'article indéfini	L'article défini	L'article partitif
masculin (m.)	un	le (l')	du (de l')
féminin (f.)	une	la (l')	de la (de l')
pluriel (pl.)	des	les	des

un garçon	le garçon	du vin
une fille	la fille	de la viande
des garçons	les garçons	
des filles	les écoles	

2 Les adjectifs démonstratif

masculin	féminin	pluriel
ce (cet)	cette	ces

Ce garçon est un bon élève.

Cette fille est une bonne élève.

3 Les adjectifs possessifs

masculin	féminin	pluriel
mon	ma	mes
ton	ta	tes
son	sa	ses
notre	notre	nos
votre	votre	vos
leur	leur	leurs

Mon père va au marché

Ma mère rentre à la maison à midi.

Mes enfants vont à l'église.

4 Les adjectifs interrogatifs

masculin	féminin
quel	quelle
quels	quelles

Quel âge avez-vous ?

Quelle heure est-il ?

Quels sont les sept jours de la semaine ?

Quelles sont les quatre saisons de l'année ?

5 Les adjectifs qualificatifs

1) -e : jeune → jeune, rouge → rouge

2) -er → ère : cher → chère

3) -f → -ve : actif → active

4) -x → -se : heureux → heureuse

5) bas → basse, gros → grosse

coréen → coréenne

naturel → naturelle

bon → bonne, mignon → mignonne

gentil → gentille

blanc → blanche

public → publique

6) beau (bel) - beaux / belle - belles

nouveau (nouvel) - nouveaux / nouvelle - nouvelles

vieux (vieil) - vieux / vieille - vieilles

fou (fol) - fous / folle - folles

6 Les pronoms personnels sujets

Et les pronoms de renforcement

Je	Tu	Il	Elle
Nous	Vous	Ils	Elles
moi	toi	lui	elle
nous	vous	eux	elles

Moi, je suis grand ; *toi, tu* es petit.

C'est *toi* que je cherche.

7 Les pronoms personnels compléments d'objet

	Pronoms personnels compléments d'objet			
	C.O.D.	C.O.I.		
je(j')	**me**	**me**	moi	me
tu	**te**	**te**	toi	te
il elle	**le** **la**	**lui**	lui elle	se
nous	**nous**	**nous**	nous	nous
vous	**vous**	**vous**	vous	vous
ils elles	**les**	**leur**	eux elles	se

Tu donnes le livre à moi.

→ Tu *me le* donnes.

Tu donnes les fleurs rouges à Marie.

→ Tu *les lui* donnes.

8 Les pronoms interrogatifs

1) qui : *Qui* a dit ça ?

2) que : *Que* faites-vous ?

3) quoi : À *quoi* pensez-vous ?

4) lequel, lesquels / laquelle, lesquelles :

Tu as vu les photos ? *Laquelle* préfères-tu ?

9 Le comparatif

plus - que (+)
moins - que (−)
aussi - que (=)

Robert est *plus* [*aussi, moins*] grand *que* Léa.

cf.) Elle a *plus* [*autant, moins*] *de* livres que moi.

10 La négation

ne [n'] + Verbe + pas

Elle n'a pas de cahier.

11 Passé composé

-er → -é : aimer → aimé

-ir → -i : finir → fini

-re, -ir, -oir → -u : attendre → attendu, tenir → tenu,
vouloir → voulu

cf.) avoir → eu, être → été , faire → fait, prendre → pris

J'*ai téléphoné à* Marie.

Je *n'ai pas rencontré* Pierre.

Avez-vous *rencontré* Pierre ?

Elles *sont allées* au cinéma hier.

12 Futur simple

Je	-ai	Nous	-ons
Tu	-as	Vous	-ez
Il	-a	Ils	-ont

avoir → j'aurai / être → je serai,
aller → j'irai / faire → je ferai
pouvoir → je pourrai / voir → je verrai
vouloir → je voudrai

J'irai en France l'année prochaine.
Je vais aller en France.

À propos des auteurs (about the authors)

En français :
Les auteurs sont des professeurs qui enseignent depuis longtemps le français et diverses matières au Global Humanities College de l'Université de Chosun. Miae Yang a de nombreuses années d'expérience dans l'enseignement de la «compréhension de la linguistique», de l'interprétation et de la traduction du français et anglais-français, et a mené de nombreuses recherches jusqu'à présent. Jérémie Eyssette est un superviseur DELF/DALF et un professeur natif qui parle couramment cinq langues étrangères, diversifiant de nombreuses études professionnelles et culturelles liées à l'enseignement du français.

In English :
The authors have been lecturing French and various subjects for a long time at Chosun University's Global Humanities College. Miae Yang has many years of teaching experience such as 'understanding linguistics', 'French' and English-French interpretation and translation, and has been conducting a lot of research until now. Jérémie Eyssette is a DELF/DALF supervisor and a native professor who lectures and does research on French teaching and is fluent in five foreign languages.

FRENCH FRANÇAIS

초판 1쇄 발행 _ 2022년 2월 11일

공　저 · Miae YANG, Jérémie EYSSETTE
발행인 · 정 현 걸
발　행 · 신 아 사
인　쇄 · 토탈프로세스
주　소 · 서울특별시 은평구 통일로 59길 4 (2F)
전　화 · (02) 382-6411　팩스 · (02) 382-6401
홈페이지 · www.shinasa.co.kr
E-mail · shinasa@daum.net
출판등록 · 1956년 1월 5일 (제 9-52호)

ISBN 979-11-91158-81-6 (93760)

정가 18,000 원